Т.Г. Ткач
А.П. Забровски

ЗНАКОМИМСЯ С РУССКИМИ

Учебное пособие
по межкультурной коммуникации
и культуре речи

Москва
2019

УДК 811.161.1
ББК 81.2Рус-96
Т48

Ткач Т. Г.

Т48 **Знакомимся с русскими:** Учебное пособие по межкультурной коммуникации и культуре речи / Т. Г. Ткач, А. П. Забровский. — М.: Русский язык. Курсы, 2019. — 120 с.: ил.

ISBN 978-5-88337-767-8

Цель пособия — познакомить иностранцев с нормами речи и поведения русских в типичных ситуациях устного общения, а также рассказать им об обычаях и культурных традициях россиян.

Пособие адресовано студентам, обучающимся на кафедрах русского языка в зарубежных высших учебных заведениях, слушателям курсов русского языка как иностранного, учащимся подготовительных отделений российских вузов с уровнем владения русским языком В1-В2, а также всем интересующимся проблематикой межкультурного общения и адаптации в русской культурной среде.

Пособие содержит аудиоприложение, доступное для онлайн-прослушивания и скачивания через QR-код.

УДК 811.161.1
ББК 81.2Рус-96

ISBN 978-5-88337-767-8

Содержание

Предисловие

Россия — восточноевропейская страна. Русской культуре, несмотря на существенные отличия, близки и понятны европейские и восточные традиции и обычаи. Сама Россия является многонациональным государством: на её территории проживает более 160 народов, которых объединили русский язык и русская культура. Русскими называют себя не только русские по крови, но и те, для кого русский язык и культура стали родными или не являются чужими.

Целью настоящего учебного пособия является углубление у адресатов знаний о русской культуре речи и об особенностях поведения русских. В тематических разделах рассматриваются разнообразные виды речевой коммуникации в типичных бытовых, учебных, деловых ситуациях, представлены формулы речевого этикета обращений на «ты» и «Вы».

Пособие призвано не только познакомить иностранцев с нормами речи и поведения русских в типичных жизненных ситуациях устного общения, но и раскрыть смысл, который вкладывается в те или иные коммуникативные формы речевого этикета.

Пособие может представлять особую ценность для мусульманской и китайской аудитории учащихся, которые часто допускают речевые и поведенческие ошибки, испытывают культурный шок от незнания и непонимания обычаев и традиций страны пребывания.

В пособии описываются факты поведенческой культуры носителей русского языка, которые сопровождаются соответствующим лингвистическим материалом: предлагаются уместные речевые формулы, диалоги-модели, тематические пословицы и поговорки.

В диалогах-моделях обозначаются собеседники, социальный статус собеседников, характер их отношений.

К диалогам прилагаются задания на уместность употребления речевых образцов в тех или иных ситуациях общения в зависимо-

6

сти от характера отношений (официальных или неофициальных) или социального статуса собеседников.

Статьи справочного характера сопровождаются контрольными вопросами и заданиями по подготовке сообщений по теме статьи.

Приложение содержит дополнительную справочную информацию о знаменитых русских учёных, писателях-сказочниках, нобелевских лауреатах, а также раздел, посвящённый речевому этикету.

Аудиоматериалы к пособию отмечены значком 🎧 и доступны для онлайн-прослушивания и скачивания через QR-код.

Желаем вам успехов!

Авторы

Тема 1.
ПРИВЕТСТВИЕ

У каждого народа свои нормы культуры речи и поведения при встрече, расставании или знакомстве, но практически у всех народов существуют единые ритуальные действия, к которым относятся поклоны, рукопожатия, кивки, снятие головного убора и другие жесты или знаки внимания.

Русские люди здороваются по-разному. Слова, очерёдность и форма приветствия зависят от следующих условий:

▷ *характера взаимоотношений между людьми: официальные или неофициальные отношения;*

▷ *социального статуса: роль человека в обществе;*

▷ *возраста собеседников, их пола;*

▷ *уровня личной культуры.*

1.1. Слова приветствия

Русские приветствуют друг друга словами:

Здравствуйте!
Доброе утро!
Добрый день!
Добрый вечер!

Не принято говорить «*Привет!*», «*Здоро́во!*» тем, кто старше вас, у кого иной социальный статус, коллегам или другим людям, если вы находитесь с ними в официальных отношениях, обращаетесь друг к другу на «Вы».

Если с кем-то у вас сложились хорошие, добрые отношения (будь то мужчина или женщина), но человек не допускает по отношению к себе таких фамильярных приветствий, как *«Привет!»* или *«Здоро́во!»*, он даст вам это понять тем, что ответит *«Здравствуйте»!* на ваше *«Привет!»*. После чего следует приветствовать этого человека только официальным образом.

Если вы говорите человеку *«Привет!»*, это предполагает, что вы с этим человеком на «ты». Студент не может и не должен говорить *«Привет!»* или *«Здоро́во!»* преподавателю, потому что:

а) у преподавателя и студента разный социальный статус,

б) преподаватель обычно старше студента,

в) между преподавателем и студентами нет и не может быть фамильярных отношений, если они не допускаются самим преподавателем.

Мусульмане, в частности в Иране, Турции или в арабских странах, приветствуют друг друга словом *«Salam»*, которое может быть обращено к любому человеку вне зависимости от его статуса. Отсюда ошибка в понимании и использовании в речи русского слова *«Привет!»*, так как русское *«Привет!»* ассоциируется мусульманами со словом *«Salam»*.

В отличие от представителей мусульманских стран, для китайцев обращение на «ты» является нормой: на «Вы» обращаются только к начальству и родителям. Именно поэтому китайцы с лёгкостью усваивают русское *«Привет!»* и используют его, как и мусульмане, зачастую не к месту.

Практическое задание 1. Впишите наиболее уместные слова приветствия в таблицу в соответствии с социальным статусом. *Ваша роль:* преподаватель.

коллега	ректор	студент	незнакомец

Практическое задание 2. Впишите наиболее уместные слова приветствия в таблицу в зависимости от характера отношений между Вами и собеседником.

друг	начальник	родственник	прохожий

1.2. Кто встаёт в знак приветствия?

Мужчина практически всегда встаёт для приветствия женщины. Русские женщины, в отличие от представительниц мусульманских стран, обычно не встают для того, чтобы приветствовать мужчину, если только это не пожилой человек. Женщина может встать, чтобы приветствовать женщину, но это не является нормой поведения. Как правило, женщина встаёт только для приветствия старшей женщины или для того, чтобы продемонстрировать особое расположение человеку.

Практическое задание 3. К Вам в кабинет вошли. Должны ли Вы встать, если Вы: а) молодой человек, б) пожилой мужчина, в) молодая женщина, г) пожилая женщина?

зашёл молодой человек	зашёл пожилой мужчина	зашла молодая женщина	зашла пожилая женщина
а) нет			

Практическое задание 4. Вы вошли в кабинет коллеги. Должен ли он/она встать в знак приветствия, если Вы: а) молодой человек, б) пожилой мужчина, в) молодая женщина, г) пожилая женщина, а русский коллега?

молодой человек	пожилой мужчина	молодая женщина	пожилая женщина

1.3. Вопросы после слов приветствия

В русских словах «*Здравствуйте!*», «*Здравствуй!*» содержится по-
желание здоровья собеседнику, поэтому логично звучат следующие вопросы после слов приветствия: «*Как дела?*» или «*Как поживаете?*».

Запомните! Вопросы «*Как дела?*», «*Как жизнь?*» могут быть адре-
сованы только тем русским, с которыми вы находитесь в дружеских
отношениях. Людям, с которыми вы находитесь в официальных
отношениях, которые выше вас по социальному статусу, старше
вас, следует задавать вопросы «*Как поживаете?*» или «*Как Ваши
дела?*» и только в том случае, если это бытовая ситуация общения,
то есть не учебная и не деловая ситуация.

Интересно, что вопросы или пожелания после слов приветствия в
других странах отличаются от русской традиции. Видимо, каждый народ уже в приветствии определяет свои жизненные приоритеты в зависимости от менталитета и условий, в которых складывалась их культура.

Иранцы спрашивают: «*Вы себя хорошо чувствуете?
Ваши дети, супруг/супруга, родители хорошо себя
чувствуют?*»

Арабы желают Вам мира.

Турки интересуются Вашими делами, делами Ваших
супругов, детей и родителей.

Китайцы переживают: «*Ты сегодня ел?*»

Корейцы интересуются вашим возрастом и семейным
статусом.

Японцы сдержанны: приветственные вопросы задают
только близким друзьям.

Суровый климат России выделил три особо значимых для русских
слова: *здоровье, жизнь, дело.*

Русские пословицы учат:

Здоровью цены нет.

Здоровье дороже денег.

В здоровом теле — здоровый дух.

Будь здорова как вода, плодовита как земля.

Жизнь дана на добрые дела.

Дело мастера боится.

Дело учит, мучит и кормит.

Любимое дело продлевает жизнь.

Практическое задание 5. Впишите любые уместные вопросы после слов приветствия в таблицу в соответствии с социальным статусом. *Ваша роль:* студент. Если, по Вашему мнению, вопросы после слов приветствия не уместны в этом случае, впишите слово «нет».

преподаватель	ректор	продавец	студент

Практическое задание 6. Впишите любые уместные вопросы после слов приветствия в таблицу в зависимости от характера отношений между Вами и собеседником. *Ваша роль:* студент. Если, по Вашему мнению, вопросы после слов приветствия не уместны в этом случае, впишите слово «нет».

друг	сокурсник	хороший знакомый	начальник босс

Практическое задание 7. Впишите уместные, по Вашему мнению, после приветственных вопросов русские пословицы и поговорки в таблицу в соответствии с социальным статусом собеседника. *Ваша роль:* преподаватель. Если, по Вашему мнению, пословицы и поговорки не уместны в этом случае, впишите слово «нет».

студент	коллега	начальник	работник кафе

1.4. Кто первым должен здороваться?

Русские считают, что мужчина должен здороваться с женщиной первым. В то же время первым приветствует младший — старшего, подчинённый — начальника, ученик — учителя, студент — преподавателя. Так выражаются воспитанность и уважительное отношение к собеседнику.

Русские пословицы учат:

Уважение к молодому — долг, уважение к старшему — обязанность.

Уважай старого, тебе тоже быть старым.

Умный уважает всех, глупый — только себя.

Ниже представлены возможные диалоги-модели между людьми одного и разных социальных статусов. В первом диалоге отражены официальные отношения, во втором — приятельские отношения или отношения «на короткой ноге».

 ——————— *Диалог-модель* ———————

Студент: Здравствуйте! / Доброе утро! /
Добрый день! / Добрый вечер!
Преподаватель: Здравствуйте! / Доброе утро! /
Добрый день! / Добрый вечер!
Студент: Как поживаете?
Преподаватель: Спасибо. Хорошо. А как Ваши дела?
Студент: Спасибо. Тоже хорошо.

Студент 1: Привет!

Студент 2: Здоро́во!

Студент 1: Как дела? Как жизнь?

Студент 2: Нормально. А ты как?

Студент 1: Так себе. Завтра экзамен.

Студент 2: Сочувствую.

Практическое задание 8. Впишите в таблицу уместные слова приветствия и укажите, кто первым должен поздороваться (*я* или *он/она*). *Ваша роль:* студент; Вы подходите к собеседнику.

студентка	преподаватель	незнакомец	вахтёр

1.5. Сколько раз в течение дня надо здороваться?

Если вам приходится несколько раз встречаться с одним и тем же человеком в течение дня, например с коллегой по работе или с сокурсником, у русских, в отличие от иранцев, турок или арабов, не принято здороваться при каждой встрече, если вы уже здоровались до этого. Русские считают, что в течение дня достаточно одного приветствия при первой встрече. Мужчины зачастую в знак приветствия ограничиваются рукопожатием.

Если вы будете здороваться с русским несколько раз в день, он может подумать, что вы себя плохо чувствуете или у вас плохая память на лица. При этом он может просто напомнить вам, что вы сегодня уже здоровались. Естественно, неудобно просто пройти мимо, поэтому достаточно улыбнуться, кивнуть или слегка поклониться, как это делают и китайцы.

Русская пословица учит:
Где слова привета, там улыбка для ответа.

Практическое задание 9. Впишите в таблицу слова приветствия или ритуальное приветственное действие (рукопожатие, улыбка, кивок) при повторной встрече с одним и тем же русским человеком (мужчиной или женщиной) в одном и том же здании. *Ваша роль:* преподаватель.

коллега	ректор	ваш студент	не ваш студент

1.6. Рукопожатие, объятия и целование

В России, как и во всём немусульманском мире, вне зависимости от родственных отношений и социального статуса, принято рукопожатие между людьми, но с некоторыми оговорками. Так, мужчина не должен первым протягивать руку женщине для рукопожатия. Женщина сама решает — протягивать ей руку мужчине при встрече или нет. Если женщина протянула руку мужчине для рукопожатия, мужчина может пожать или даже поцеловать ей руку.

В современной культуре Китая рукопожатие применяется только на встречах с иностранными делегациями, на официальных приёмах, так как китайская традиция имеет исторически сложившийся особый приветственный церемониал, который состоит из поклонов, складывания рук и других ритуальных действий, исключающих прямое рукопожатие.

В странах Востока, особенно среди мусульман, рукопожатие принято только между мужчинами. Религиозная традиция запрещает рукопожатие с посторонней женщиной, к которым относят даже некровных родственниц. В то же время в некоторых арабских странах (например, в Египте или Ливане) на официальных приёмах иностранных делегаций женщинам разрешают здороваться за руку с мужчинами-европейцами, однако целование руки европейцем всё-таки не рекомендуется.

Незнание норм этикета в межкультурной коммуникации приводит к неприятным ситуациям. Автору известен случай, когда россиянин протянул руку для рукопожатия женщине, коллеге из Ирана с целью поздравить её с успешной защитой диссертации. Иранка, естественно, не только не пожала руку, но резко и без объяснения отвернулась от россиянина. Культурный шок испытали оба.

Следует помнить, что отказ пожать протянутую руку считается оскорблением, поэтому, если в силу религиозных запретов вы не можете ответить рукопожатием, вам нужно извиниться и обязательно объяснить причину отказа.

Стоит отметить, что рукопожатие между русскими женщинами возможно, но этот вид приветствия характерен исключительно для делового общения. Женщины — близкие подруги при встрече иногда обнимают и целуют друг друга. Русские мужчины редко обмениваются приветственными поцелуями, даже если это родственники или близкие друзья.

Русские значительно отличаются в этом отношении от иранцев, турок или арабов, у которых объятия и поцелуи являются обязательными приветственными действиями. При этом в мусульманских сообществах мужчины обнимают и целуют мужчин, женщины — женщин. А вот в Китае объятия и поцелуи в общественных местах в момент приветствия или расставания не приняты.

Русские мужчины считают, что приветственное целование на публике является характерной чертой женского поведения. Мужчины-друзья или мужчины-родственники могут пожать друг другу руки и обняться после долгой разлуки, тем самым выражая радость от встречи.

Рукопожатие как обычай известно испокон веков. Готовность протянуть правую руку без оружия доказывало миролюбие человека.

При рукопожатии у русских принято смотреть в глаза собеседнику, так как глаза считаются «зеркалом» души человека, а значит, и его истинных намерений. В деловом и политическом мире рукопожатие —

это не только предписанное действие при приветствии или прощании, но и знак того, что стороны договорились о чём-то важном, что доверяют и уважают партнёра, особенно если рукопожатие сопровождается улыбкой и доверительным взглядом.

Практическое задание 10. а) Впишите в таблицу Ваши действия (пожмёте или не пожмёте руку), если собеседник протянул руку для рукопожатия.

вы — мужчина (русский)		*вы — женщина (русская)*	
мужчина	женщина	мужчина	женщина

б) Что Вы скажете собеседнику, если Вы не пожмёте ему/ей руку? Впишите ниже возможную фразу. Объясните мотивы отказа.

_____

_____

_____

_____

_____

Практическое задание 11. Напишите, нужно ли обнимать и целовать русского собеседника при встрече, если а) собеседник — Ваш друг (женщина, мужчина), б) это официальная встреча. Объясните мотивы ваших действий.

_____

_____

_____

_____

_____

_____

1.7. Речевые формулы после приветственных слов

После слов приветствия, рукопожатия или поклонов русские практически сразу переходят к основной теме предполагаемого разговора.

 Русские пословицы учат:
Больше дела — меньше слов.

Не спеши языком, торопись делом.

Если вы не близкие друзья, не стоит расспрашивать русского о его самочувствии, о благополучии его семьи, о здоровье его родных, как это принято у иранцев, турок, арабов, или задавать вопрос: *«Ел ты или нет?»*, как это делают китайцы при приветствии малознакомого или даже незнакомого человека. Это может быть воспринято как неуместное любопытство или бестактность, так как русские считают эту сферу сугубо личной.

Практическое задание 12. Составьте приветственные диалоги между Вами и русским собеседником на

а) официальной встрече

_____

_____

_____

_____

_____

б) дружеской встрече

_____

_____

_____

_____

_____

1.8. Комплименты

Русские ценят только те комплименты, которые сказаны вовремя и к месту. Избегайте штампов!

Между мужчинами комплименты не приняты и порой делают смешными как тех, кто их говорит, так и тех, к кому они относятся. Женщинам и особенно молодым девушкам не стоит говорить комплименты мужчинам, иначе можно оказаться в неловком положении. Русские люди открыты и искренни практически во всём, поэтому хорошо слышат фальшь в комплиментах и считают, что если нет повода для комплимента — лучше промолчать. Этим русские особенно отличаются от иранцев, турок и арабов, которые безмерно щедры на похвалу, так как уровень воспитанности у мусульман определяется количеством высказанных пышных фраз в адрес собеседника.

В то же время довольно часто от русских можно услышать следующий комплимент: «*Вы хорошо выглядите!*» Что это значит? Русские считают, что если человек хорошо выглядит, значит, он здоров, значит, у него всё в порядке дома и на работе. Заметим, что этот комплимент вызывает, в частности у иранцев, особенно негативную, даже осуждающую реакцию. Подобные комплименты считаются вульгарными и осуждаются, что связано с традицией строгих религиозных ограничений, регулирующих отношения между мужчиной и женщиной в мусульманских странах.

Вывод прост: не спешите осуждать, постарайтесь понять или узнать смысл той или иной речевой формулы или комплимента.

Русские нечасто говорят друг другу комплименты, так как боятся и смущаются высоких слов, хотя они всегда готовы сказать родным, друзьям, близким и коллегам тёплые слова, особенно если их нужно поддержать в трудную минуту.

«Давайте восклицать, друг другом восхищаться.
Высокопарных слов не стоит опасаться.
Давайте говорить друг другу комплименты —
ведь это всё любви счастливые моменты...» —
так звучат строки стихотворения одного из любимых
в России поэтов — Булата Окуджавы.

Русские пословицы гласят:
В чужом доме не будь приметлив, а будь приветлив.
Приветливое слово гнев побеждает.

Практическое задание 13. 1. Какие представленные ниже комплименты умест-
но сказать: а) русской женщине, б) русскому мужчине, в) обоим? Отметьте их буквами
«а» (женщине), *«б»* (мужчине) или *«в»* (обоим).

1. Вы хорошо выглядите!
2. Вы такой(ая) обаятельный(ая)!
3. Вы прекрасный собеседник!
4. Вы настоящий профессионал!
5. У Вас такой красивый костюм!
6. Этот цвет Вам к лицу!
7. Вы умеете настоять на своём мнении!
8. Вы очень деликатный человек!

2. Напишите приветствие с комплиментом.

а) неофициальные отношения

_____

_____

_____

б) официальные отношения

_____

_____

_____

1.9. Дистанция

Учёные выделяют *интимную, личную, социальную* и *публичную зоны* в расположении собеседников относительно друг друга.

В русской культуре соблюдается дистанция между собеседниками! Не допускается прикосновение одного человека к другому!

Неофициальные отношения:

1. Интимная зона. В интимную зону (15–45 см) допускаются лишь близкие, хорошо знакомые люди. Общение характеризуется доверительностью отношений.

2. Личная зона (45–120 см) характерна для простой беседы с друзьями и коллегами, в которой предполагается *только визуально-зрительный* контакт между собеседниками.

Официальные отношения:

1. Социальная зона (120–400 см) должна быть соблюдена во время официальных встреч и разговоров.

2. Публичная зона (свыше 400 см) подразумевает общение с большой аудиторией.

Они давно уже были на короткой ноге!

Тема 2.
ОБРАЩЕНИЕ

Тема «Обращение» только на первый взгляд кажется простой.

Формы обращений складывались веками на Востоке: к кровным родственникам и близким друзьям обращаются по имени, а при обращении к другим людям к имени или фамилии обязательно добавляются слова *господин* или *госпожа* либо слова, которые указывают на статус человека в семье или обществе: *Жена дяди! Старший брат! Доктор Ли! Директор Ахгарандуз!*

В России это спорная тема, так как здесь несколько раз менялся государственный строй, а вместе со строем менялись виды и формы обращения. В современном обществе проблема обращения друг к другу остаётся пока нерешённой.

Если вы обращаетесь к знакомому вам человеку, то проблем у вас, естественно, не возникнет, так как существуют определённые формы обращения, которые следует употреблять. Сложность заключается в том, как обратиться к совершенно незнакомому человеку.

 Русские говорят:
И те же люди, да не те нравы.
В каком народе живёшь, такого обычая и держишься.
Что город, то норов, а что человек, то и обычай.

2.1. Виды обращений. Официальное обращение

Различают три вида обращений: **официальное**, **неофициальное** и **безличное**.

При **официальном обращении** называются

1) имя и отчество: *Николай Илларионович, Екатерина Степановна*;
2) господин (госпожа) + фамилия: *господин Михайлов, госпожа Петрова*.

Первое обращение — наиболее распространённая и уважительная форма. Первая часть обращения — это имя самого человека, вторая часть — имя его отца (отчество). Так, если мужчину зовут *Николай Илларионович*, то его собственное имя — *Николай*, а имя его отца — *Илларион*. Если женщину зовут *Екатерина Степановна*, то её собственное имя — *Екатерина*, а имя её отца — *Степан*.

Существует просторечная форма обращения, когда называется только отчество человека. Например, вместо *Николай Илларионович* говорят *Илларио́ныч*, вместо *Екатерина Степановна* говорят *Степа́новна*. Это уважительная неофициальная форма обращения, употребляется при неформальных отношениях.

Вторая форма официального обращения употребляется только в деловой переписке или на официальных приёмах с участием иностранных делегаций.

Н
Необходимо усвоить, что в процессе живого общения к русским принято обращаться по имени и отчеству.

Ниже представлены диалоги-модели и отрывок из переписки, в которых отражены официальные виды обращений.

Диалог-модель

Студент: Добрый день, Галина Николаевна!
Преподаватель: Добрый день!
Студент: Как поживаете?
Преподаватель: Спасибо, хорошо.

Коллега 1: Здравствуйте, Вера Ивановна! Как поживаете?
Коллега 2: Здравствуйте, Иван Петрович! Спасибо. Хорошо. А вы как?
Коллега 1: Спасибо, тоже хорошо.

> Уважаемый господин ПЕТРОВ!
>
> Компания «Иванов и сыновья» предлагает Вам свои услуги по организации грузовых перевозок любой сложности по всей России.

Практическое задание 14. Допишите, где необходимо, обращение. *Ваша роль:* студент/студентка.

молодой человек/девушка	преподаватель	ректор	деловой человек
Иван..................	Павел.................	Андрей..............	господин..............
Вера...................	Пелагея.............	Нина..................	госпожа..............

Практическое задание 15. Найдите ошибки в обращении к собеседнику. Впишите уместное обращение, обоснуйте свой ответ. Укажите характер (официальный/неофициальный) отношений между Вами и собеседником. *Ваша роль:* преподаватель.

коллега	начальник	студент	незнакомец
Господин Петров!	Петя!	Иванов!	Товарищ!

2.2. Неофициальное обращение

При **неофициальном обращении** называется только собственное имя человека или только его отчество. Это предполагает, что между собеседниками сложились близкие, неформальные (дружеские) отношения. Ниже представлены диалоги-модели с неофициальными обращениями.

──────────── *Диалог-модель* ────────────

 Подруга 1: Привет, Лена!

Подруга 2: Привет, Света!

Подруга 1: Как дела? Я так тебе рада!

Подруга 2: И я тебе! Как ты?

Подруга 1: Отлично!

 ──────────── *Диалог-модель* ────────────

 Женщина 1: Здравствуй, Петро́вна! Как тут

дела идут?

Женщина 2: Здравствуй, Ива́новна! Всё хорошо!

Потихоньку.

 ──────────── *Диалог-модель* ────────────

 Мужчина 1: Привет, Сергей! Какие у тебя проблемы? Зачем позвал?

Мужчина 2: Здоро́во, Пётр! Нужна твоя помощь. Не откажешь?

Мужчина 1: Обижаешь. Конечно, помогу. Мы же друзья.

Практическое задание 16. Впишите обращение к собеседнику в зависимости от характера отношений: а) официальные, б) неофициальные.

коллега	начальник	юноша/девушка	деловой партнёр

2.3. Безличное обращение

Безличное обращение адресовано незнакомым людям. Так, в советские времена было принято обращаться к незнакомцам «*товарищ*», «*гражданка*», «*гражданин*». В наши дни эти обращения в России пытаются заменить на «*господин*» и «*госпожа*». Однако если «*товарищ*» уже редко употребляется, то обращения «*гражданин*» и «*гражданка*» довольно часто можно услышать на улицах российских городов, особенно среди людей старшего поколения. К молодым людям обычно обращаются «*Молодой человек!*» и «*Девушка!*».

Однако русские стараются избегать подобных обращений и предпочитают использовать следующие формулы речевого этикета:

Прошу прощения!

Извините, пожалуйста!

Скажите, пожалуйста!

Будьте добры!

Извините, не подскажете... и др.

──────────────── *Диалог-модель* ────────────────

Туристка: Извините, пожалуйста, не подскажете, как доехать до Красной площади?

Полицейский: Вам лучше доехать туда на метро или на автобусе номер 262.

Туристка: Благодарю Вас!

Практическое задание 17. Используя диалог-модель, составьте диалоги

а) официального характера

_____

_____

_____

_____

_____

б) неофициального характера

_____

_____

_____

_____

Практическое задание 18. Составьте сообщение

а) с личным неофициальным обращением

_____

_____

б) с личным официальным обращением

_____

_____

в) с безличным обращением

_____

_____

— *Привет, Вова! Как жизнь?*

Тема 3.
ЗНАКОМСТВО

Люди знакомятся дома, на работе или в учебном заведении, на отдыхе или на улице, то есть в формальной или в неформальной обстановке. В зависимости от ситуации, в которой происходит знакомство, употребляются соответствующие формы приветствия, виды обращения и очерёдность представления человека кому-либо.

3.1. Кого первым представляют?

Правила этикета требуют, чтобы сначала мужчина был представлен женщине, младший по возрасту — старшему, начальник — подчинённому, ученик — учителю, студент — преподавателю.

 ───────────── *Диалог-модель* ─────────────

Женщина 1: Здравствуй, Вéрочка! Познакомься, это мой муж.

Женщина 2: Здравствуйте! Очень приятно! Вера Павловна.

Мужчина: Добрый день! Олег Иванович.

Практическое задание 19. Укажите стрелкой, кого и кому первым представляют в паре. Какие могут быть варианты?

преподаватель	← студент
молодой мужчина	пожилой мужчина
пожилая женщина	молодая женщина
подчинённый	начальник
мужчина	женщина
один человек	группа людей
учитель	ученик

3.2. Знакомство в стенах учебного заведения, на работе, на деловых переговорах

В официальной обстановке русские, как и на Востоке, придерживаются основных правил хорошего тона и соблюдают все формальности. Так, если кто-то устраивается на работу, то нового сотрудника представляют начальнику, затем начальник сам представляется, а далее новичка знакомят с будущими коллегами по работе. Если речь идёт о деловых партнёрах или о переговорах, то очерёдность представления людей друг другу зависит только от того, кто к кому пришёл для ведения деловой беседы. Обычно вошедшие представляются сами или кто-то представляет их.

——————— *Диалог-модель* ———————

Бизнесмен 1: Здравствуйте!
Бизнесмен 2: Здравствуйте!
Бизнесмен 1: Разрешите представиться —
   Том Джонсон. Я Ваш деловой партнёр.
Бизнесмен 2: Очень рад! Иванов Пётр Алексеевич.
   Прошу Вас, проходите, мы Вас
   давно ждём.

Если в учебном заведении появился новый ученик или студент, то его представляют преподавателю. Если в учебное заведение пришли родители ученика или студента, то он представляет своих родителей преподавателю.

Студент: Здравствуйте, Галина Николаевна!
Преподаватель: Здравствуйте!
Студент: Познакомьтесь, пожалуйста,
это моя мама, Светлана Григорьевна.
Преподаватель: Здравствуйте, Светлана
Григорьевна! Очень рада!
Мама студента: Здравствуйте!

Русские, в отличие от жителей Китая, Ирана, Турции или арабских стран, считают, что при знакомстве надо смотреть человеку прямо в глаза вне зависимости от того, кто перед ними — мужчина или женщина. Китайцы считают неприличным смотреть в глаза новому знакомому — мужчине или женщине, а иранцам, религиозным туркам, арабам и вовсе запрещено разглядывать постороннюю женщину.

Если русскому мужчине представляют женщину, он должен встать. Женщина при знакомстве встаёт, только если её знакомят с другой женщиной, старшей по возрасту, или если она хочет оказать особое расположение человеку.

Когда русские представляют своих знакомых кому-либо, они обычно называют не только имя, отчество и фамилию человека, но и род его занятий. Сама форма представления зависит от официальности или неофициальности знакомства.

Студент: Привет, Коля! Познакомься,
это Саша. Он футболист. Саша,
а это мой сокурсник.
Коля: Привет!
Саша: Привет!

Мужчина: Познакомьтесь, это Виктор Петрович
        Романов, наш преподаватель русской
        литературы... А это Сергей Львович
        Шварц, профессор математики.
Сергей Львович: Я о Вас много слышал,
        Виктор Петрович.
Виктор Петрович: Рад знакомству.

Знакомство начинается с представления, поэтому этот момент очень значим. Особенно важно соблюдать правила этикета в зависимости от ситуации общения.

 Русская пословица учит:
Вежливость открывает любые двери.

 Практическое задание 20. Определите по первым словам или фразам, какие между собеседниками отношения: официальные или неофициальные.

1. Здравствуйте. Разрешите представиться!
2. Привет. Рад познакомиться!
3. Здравствуй. Как жизнь?
4. Познакомьтесь! Это моя сестра.
5. Добрый день! Приятное знакомство!
6. Здоро́во, Иваныч!
7. Доброе утро! Как поживаете?
8. Извините, где выход?

Практическое задание 21. Впишите уместные этикетные слова/фразы или обращения. Укажите характер отношений: официальные или неофициальные.

1. Сергей Дмитриевич, _____, перезвоните мне.
2. _____, помогите поднять коробку на второй этаж.
3. Наташа, _____, где сейчас студентка Мотина?
4. Анна Васильевна, _____, я опоздал.
5. _____, разве не вы сейчас выступали?
6. Андрюша, _____, не забудь выпить лекарство.

7. Ермолаев, представь меня своим родителям, _____.

8. Господин Михайлов, _____, это наш партнёр.

9. _____, где ближайший банк?

10. _____, где кабинет директора?

11. _____, как добраться до музея?

Я рада нашему знакомству!

Тема 4.
ПРОЩАНИЕ

Прощание — это не менее важная часть в речевом общении, чем приветствие или знакомство. Правила и порядок прощания — те же, что и при приветствии. Вне зависимости от ситуации общения прощаются сначала со старшими, с начальниками, а если вы в гостях, то перед прощанием благодарят за гостеприимство хозяйку дома, а затем уже хозяина.

 Русская пословица учит:

Вежливость ничего не стóит, но много приносит.

4.1. Слова прощания и пожелания

Слова прощания зависят от ситуации общения. Если это официальная обстановка, то следует говорить «*До свидания!*». Если у вас назначена встреча с этим же собеседником, то можно сказать «*До встречи!*», «*До скорой встречи!*». К словам прощания могут быть добавлены пожелания:

Всего доброго!
Всего хорошего!
Счастливо!
Будьте здоровы! и др.

Диалог-модель

Бизнесмен 1: До свидания! Рад был с Вами познакомиться.
Бизнесмен 2: Взаимно! До встречи! Жду Вас завтра в 17:00 у себя
в офисе.

Диалог-модель

Студент: До свидания, Галина Николаевна!
Преподаватель: До свидания, Иванов!
Всего доброго!

Если у людей одинаковый социальный статус, они находятся в близких, дружественных отношениях и обращаются друг к другу на «ты», то при прощании можно сказать:

Пока!
Бывай!
Всего!

Слова прощания могут сопровождаться просьбами к друзьям:

Звони!
Не забывай!
Заходи!
Пиши!
Передавай всем привет!
Всем привет! и др.

─────────── *Диалог-модель* ───────────

 Студент 1: Пока, Коля!

Студент 2: Бывай! До пятницы! Ты не забыл,
что мы идём на футбол?

Студент 1: Конечно, нет. До пятницы! Пока!

 ─────────── *Диалог-модель* ───────────

 Мужчина 1: Андрей, пока! Спасибо, что помог написать доклад!

Мужчина 2: Не за что! Ты же знаешь, что я всегда рад тебе помочь.
Ладно, пока! Звони!

Мужчина 1: Обязательно! Ты тоже звони! Всего!

Русские трепетно относятся к дружбе и к друзьям, всегда рады помочь.

 Русские пословицы и поговорки учат:

Верному другу цены нет.

 Где дружба и совет, там и свет.

Для друга ничего не жаль.

Практическое задание 22. Впишите уместные слова/реплики прощания в зависимости от социального статуса собеседника. *Ваша роль:* преподаватель.

студент	коллега	начальник	незнакомец

Практическое задание 23. Впишите уместные слова/реплики прощания в зависимости от характера отношений собеседников.

друзья	коллеги	начальник — подчинённый	малознакомые люди

4.2. Как прервать разговор и попрощаться?

За приятной беседой иногда забывается время, а вы, возможно, спешите.

Русские пословицы учат:

Время, что вода, течёт — не замечаешь.

Знай минутам цену, секундам счёт.

Время дороже денег.

Для того чтобы прервать разговор и попрощаться, нужно подвести к этому собеседника и сказать следующее:

Извините, мне/нам пора идти!

Извините, пора уходить!

Уже поздно, надо идти!

К сожалению, мне/нам пора!

Извините, я должен (должна) идти!

Извините, я очень задержался (задержалась)!

До свидания!

Извините, но мне нужно идти. Я очень спешу.

До свидания!

───────── *Диалог-модель* ─────────

Женщина 1: Ладно, Верочка, мне пора идти. Уже поздно.

Женщина 2: Хорошо, иди. Извини, что задержала тебя.

Женщина 1: Пустяки. Мы с тобой давно не виделись. Надо было всё обсудить.

Женщина 2: Конечно. До завтра?

Женщина 1: Да, до завтра! Передавай привет мужу.

Женщина 1: Извините, Вера Павловна, к сожалению, мне пора идти. Дела.

Женщина 2: Да, конечно. Это вы меня извините, что задержала Вас.

Женщина 1: Какие пустяки! Спасибо, что согласились встретиться со мной. До свидания!

Женщина 2: До свидания! Всего хорошего!

Практическое задание 24. Допишите диалоги. Впишите уместные слова/реплики отказа и прощания.

1) *Преподаватель:* Можно ли ознакомиться с Вашим докладом сейчас?

Коллега: _____

_____

2) *Студент:* Даниил Александрович, мы сегодня пойдём на экскурсию?

Преподаватель: _____

_____

Тема 5.

«ВЫ» ИЛИ «ТЫ»?

У русских принято обращаться на «Вы» к старшим по возрасту и по статусу, просто знакомым и малознакомым людям. На «ты» обращаются к родственникам, близким друзьям и обычно к детям. В то же время, в отличие от церемонных иранцев, арабов или турок, русские, к сожалению, не всегда придерживаются этих правил и довольно легко переходят на «ты». В этом отражается вся простота русского характера, в котором хватает доверчивости, наивности, дружелюбия и стремления к неформальным взаимоотношениям.

5.1. Почему всё-таки «ты»?

Необходимо признать, что обращение на «ты» к знакомым, малознакомым и незнакомым людям — обычное дело в России. Европейцев это мало шокирует, а вот восточным людям подобное «тыканье» доставляет много неприятных моментов в общении с русскими. С одной стороны, это простая невоспитанность. С другой стороны, такому поведению есть своё объяснение. Если русский видит в вас друга, человека равного себе, то стремится обращаться на «ты». Кроме того, в подобной жизненной позиции ярко выражен менталитет русского человека, по мнению которого уважение ещё надо заслужить. Этим, видимо, и объясняется тот факт, что большинство русских так легко переходят на «ты».

В отличие от большинства русских, восточные люди воспринимают «тыканье» в общении как недопустимую фамильярность. Именно поэтому стоит просить русского собеседника обращаться к вам на «Вы». Объясните человеку (лучше один на один), что в вашей культуре так не принято обращаться.

------------------------- *Диалог-модель* -------------------------

Иранец: Извините, я бы хотел попросить Вас
   обращаться ко мне на «Вы».
Русский: (выражает недоумение)
Иранец: Не обижайтесь. В нашей культуре
   не принято обращаться на «ты».
   Пожалуйста, давайте на «Вы».
Русский: (выражает недоумение)

Не все русские обращаются на «ты» к знакомым, малознакомым и незнакомым людям. Те, кто относится к прослойке общества, которую принято называть *интеллигенцией*, обычно не переходят с обращения «Вы» на «ты» к кому бы то ни было. Кроме того, даже старые друзья после долгой разлуки не всегда могут обращаться друг к другу на «ты», причиной может стать их изменившийся социальный статус. Случается и так, что в официальной обстановке люди используют обращение «Вы», а в неформальной — «ты». Всё зависит от их взаимоотношений.

В деловых и официальных документах обращение на «Вы» к одному адресату пишется с прописной буквы, а обращение безличное, к группе людей — со строчной буквы — «вы».
«Уважаемый Андрей Петрович! Приглашаем Вас на торжественное собрание нашего коллектива».
«Коллеги! Приглашаем вас на торжественное собрание нашего коллектива».

5.2. Когда можно перейти с «Вы» на «ты»?

Бывает, что между людьми начинают складываться очень тёплые и дружественные отношения, которые позволяют перейти с «Вы» на «ты». В этом случае инициатива может исходить только от того, кто старше по возрасту или занимает более высокое положение в обществе.

Вопросы: //////////////////////////////

1. К кому русские обращаются на «Вы»?
2. Почему русские легко переходят на «ты»?
3. Как Вы оцениваете поведение русских? Понятны ли Вам мотивы перехода на «ты»?
4. В каких случаях переходят с «Вы» на «ты» в вашей стране?

//

Практическое задание 25. Подготовьте сообщение или напишите реферат о культуре обращения на «Вы» и «ты» в Вашей стране. Сравните свою культуру с русской.

Практическое задание 26. Составьте диалог с русским с глазу на глаз, где Вы его просите обращаться к Вам на «Вы».

Ах ты!!!

Тема 6.
ТЕЛЕФОННЫЙ РАЗГОВОР

Современному человеку трудно представить себе жизнь без средств связи, без длительных личных бесед по телефону, которые не требуют выхода из дома для встречи.

Разговоры по телефону в наши дни стали неотъемлемой частью повседневной жизни человека. Сложился определённый речевой этикет ведения телефонных переговоров, которые можно разделить на *служебные* и *частные*.

6.1. Служебный звонок

Если вы звоните туда, где вас не знают, по какому-либо делу, следует поздороваться и назвать свою фамилию, имя, должность и организацию, которую вы представляете. Далее можно перейти к теме звонка.

 ——————— *Диалог-модель* ———————

А: Алло! Здравствуйте!

Б: Здравствуйте! Слушаю Вас.

А: Вас беспокоит Иванов Иван Иванович, директор фабрики «Эра компьютеров». Это Николай Илларионович Михайлов?

Б: Нет, это не он.

А: Будьте добры, не могли бы Вы пригласить Николая Илларионовича к телефону?

Б: Да, конечно. Минутку.

Если трубку взял не тот человек, который вам нужен, попросите пригласить к телефону нужного вам человека. Используйте следующие реплики:

Попросите, пожалуйста, Ф. И. О. к телефону.
Будьте добры, пригласите к телефону Ф. И. О.
Если Вас не затруднит, пригласите, пожалуйста, к телефону Ф. И. О.
Нельзя ли попросить/позвать к телефону Ф. И. О.?
Вы не могли бы позвать/попросить к телефону Ф. И. О.?
Можно ли попросить/позвать к телефону Ф. И. О.?

Случается, что нужного вам человека вообще нет на рабочем месте, тогда может произойти следующий диалог-модель:

 ——————— *Диалог-модель* ———————

А: Алло! Добрый день!
Б: Добрый день! Слушаю Вас.
А: Это компания «Российская мечта»?
Б: Да.
А: Вас беспокоит Григорий Павлович Ткач, глава фирмы «Победитель». Могу я переговорить с Галиной Николаевной Михайловой, вашим экономистом?
Б: К сожалению, её сейчас нет на месте. Галина Николаевна уехала в министерство.
А: Извините, не подскажете, когда она вернётся?
Б: Позвоните через час, пожалуйста.
А: Спасибо. До свидания!
Б: Всего доброго!

Если нужного вам человека нет и не будет в ближайшее время, вы можете попросить передать ему от себя сообщение. При этом следует сказать:

Передайте господину (госпоже) ФАМИЛИЯ (в дательном падеже), *что звонил ВАША ФАМИЛИЯ* (в именительном падеже) *по поводу* (чего?) *НАЗЫВАЕТЕ ОБСТОЯТЕЛЬСТВО ЗВОНКА и просил перезвонить ему.*

Готовая фраза может быть следующей:

«*Передайте, пожалуйста, господину Иванову, что звонил его партнёр по бизнесу Реза Ахгарандуз по поводу поставок оборудования на вашу фабрику и просил перезвонить ему срочно*».

Практическое задание 27. Составьте сообщение деловому партнёру или коллеге, которого нет на месте, по образцу выше. Запишите это сообщение.

_____

_____

_____

_____

_____

_____

Практическое задание 28. Составьте диалог — телефонный разговор. *Ваша роль:* директор компании. Вам нужно ответить деловому партнёру, договориться о встрече.

_____

_____

_____

_____

_____

6.2. Телефонные реплики

Телефонные реплики того, кто отвечает на звонок, могут быть следующими: *«Да! Слушаю Вас!»*, *«Да! Я Вас слушаю, говорите!»*. Обычно сотрудник любого учреждения, когда отвечает на звонок, сразу же называет своё учреждение и только после этого начинается разговор. Например:

Компания «Газпром». Слушаю Вас.
Гостиница «Россия». Слушаю Вас.
Справочная. Говорите! и др.

В свою очередь, вы можете задать уточняющие вопросы. Например:

Извините, это справочная?
Простите, это господин Иванов?

Если вы ошиблись, вам ответят:

Вы ошиблись.
Вы не туда звоните (позвонили).

 ──────── *Диалог-модель* ────────

 А: Добрый день! Это справочная?
Б: Добрый день! Нет, вы ошиблись.
А: Извините, не подскажете, как позвонить в справочную университета?
Б: Наберите 222-22-22.
А: Повторите, пожалуйста.
Б: 222-22-22
А: Спасибо! До свидания!

Практическое задание 29. Составьте диалог — телефонный разговор. *Условия:* Вы звоните в администрацию главы города. Предложите свои услуги. Используйте уместные уточняющие вопросы.

Практическое задание 30. Впишите в таблицу уместные реплики. *Условия:* Вы звоните деловому партнёру.

директора фирмы нет на месте	директор фирмы на месте	директор фирмы уехал, но будет через час

6.3. Частный звонок

К частным звонкам относятся звонки людям, с которыми у вас неформальные связи. В этом случае особых правил ведения телефонного разговора нет. Всё зависит от отношений, которые складываются между вами и вашими родственниками, близкими друзьями, среди которых могут быть ваши сокурсники или коллеги по работе.

Если вы звоните домой другу или подруге, но вам ответил кто-то другой, тогда следует придерживаться официального речевого этикета. Это значит, что нужно:

1) поздороваться,
2) представиться,
3) попросить позвать к телефону нужного вам человека.

Практическое задание 31. Составьте диалог — телефонный разговор. Условия: Вы звоните другу на домашний номер телефона. Его нет дома. На звонок ответила его мама, она с Вами не знакома.

Практическое задание 32. Составьте диалог — телефонный разговор с коллегой, который является Вашим другом.

6.4. Когда можно звонить?

Если это будничный день, то звонить лучше с 9 часов утра до 22 часов вечера. Если выходной, то с 11 часов утра до 22 часов вечера. В России климат холодный, поэтому, в отличие от восточных людей, у русских нет послеобеденной сиесты, когда значительная часть населения отдыхает.

Русским можно звонить в течение всего дня.

Практическое задание 33. Подготовьте сообщение или напишите реферат о культуре общения по телефону в Вашей стране, сравните её с русской.

Тема 7.
В ГОСТЯХ

В гости следует ходить в хорошем настроении, добром расположении духа, с желанием видеть людей, пригласивших вас к себе домой.

Древняя восточная мудрость гласит:

Прежде чем открыть чужую дверь, надень улыбку.

Русские люди, как и их восточные соседи, очень гостеприимны, хлебосольны и доброжелательны к гостям.

Русские пословицы учат:

Гостю почёт — хозяину честь.

Добрый гость хозяину приятен.

Хороший гость дому радость.

От добрых гостей ждут добрых и вестей.

7.1. Пунктуальность

Если вас пригласили в гости и попросили прийти в какое-то определённое время, то постарайтесь быть точным. Допустимо опоздание на 15 минут. Не стоит заставлять себя ждать, особенно если вы приглашены на какое-то торжество: юбилей или день рождения.

Французы утверждают:

Точность — вежливость королей.

Русские считают:

Временем кто дорожит, тот зря в постели не лежит.

Русские, как и европейцы, ценят пунктуальность.

Пунктуальность неразрывно связана с чувством *времени*, которым особенно дорожат жители больших российских городов. Восток, напротив, ведёт неспешную и размеренную жизнь, восприятие *времени* там настолько абстрактно, что опоздание на час и более на какое-нибудь мероприятие является нормой.

Если вы по каким-либо причинам опаздываете, позвоните и предупредите об этом ожидающих вас в гости русских людей. Можно употребить следующие фразы:

Извини(те), опаздываю(ем). Начинайте без меня (нас), пожалуйста.
Извини(те), задерживаюсь(емся).
Скоро буду (будем).
Извини(те), опаздываю(ем) на полчаса / на час / на 10 минут.

——————— *Диалог-модель* ———————

Гость: Добрый вечер! Это Реза Ахгарандуз.

Хозяин: Добрый вечер, господин Ахгарандуз! Где Вы? Мы Вас ждём.

Гость: Я решил добраться к Вам на такси, но мы попали в пробку. Извините, я опоздаю на час на торжество (вечеринку).

Хозяин: Ничего страшного. Не волнуйтесь. Мы Вас ждём.

Практическое задание 34. Составьте диалог — телефонный разговор. *Условия:* Вас пригласили в гости, но у Вас изменились планы.

Практическое задание 35. Составьте диалог — телефонный разговор. *Условия:* Вас пригласили в гости, но Вы опаздываете. Объясните, почему Вы опаздываете, когда Вы приедете.

7.2. Тактичность

Не стоит ходить в гости без приглашения или без предупреждения о своём визите, как это зачастую принято на Востоке. В России даже родственники сначала звонят, чтобы осведомиться, можно ли заехать в гости.

> Потому что, как говорится в пословицах:
> *Званому гостю большая честь.*
> *Незваный гость хуже татарина.*

Если вам очень хочется или нужно повидать человека, позвоните и скажите следующее после приветственных слов: *Чем занимаешься(тесь)? Можно прийти к тебе (вам) в гости?* Если ваш русский друг свободен, но по каким-то причинам не может пригласить вас к себе, предложите ему прогуляться по городу или встретиться в кафе. Русские любят гулять на свежем воздухе или встречаться вне собственного дома.

 ──────── *Диалог-модель* ────────

Саид: Привет, Иван! Это Саид. Как дела? Чем занимаешься?

Иван: Привет, Саид. Всё нормально. Смотрю новый фильм. А ты как?

Саид: Сегодня выходной. Хотел зайти к тебе в гости, навестить.

Иван: Извини, мне сегодня не очень удобно: приехали из деревни родственники.

Саид: Тогда, может быть, сходим прогуляемся? Мне очень нужно с тобой обсудить планы на каникулы. Это важно.

Иван: Хорошо. Давай встретимся у метро через полчаса.

Саид: Договорились!

Практическое задание 36. Составьте диалог — телефонный разговор. Пригласите друга к себе в гости.

7.3. Подарки

Если вы идёте на день рождения или юбилей малознакомого вам человека, можно ограничиться букетом цветов. Если торжество устроено в вашу честь, то, кроме цветов, предназначенных для хозяйки дома, стоит купить коробку конфет или торт, особенно если в доме есть дети.

Нельзя дарить букеты с чётным количеством цветов. Такие букеты приносят только на церемонии похорон!

7.4. Где сесть?

В доме нужно приветствовать сначала женщин, а потом мужчин. После того как вас представят, хозяева обязательно вам укажут, где лучше сесть, если гостей мало. Если в доме многолюдно, садиться можно на свободное место.

Русская пословица учит:
Где посадят, там сиди, а где не велят, туда не гляди!

7.5. Угощение

В отличие от восточной культуры, у русских не принято, чтобы женщина обходила гостей и подносила им угощения — сладости или фрукты. Если всё находится на столе, если это буфетный или «шведский» стол, каждый может подойти и взять то, что ему захочется. В этом случае подходят к столу, накладывают на тарелку еду, берут напитки и возвращаются на своё место, а за общий стол не садятся вообще.

Если это традиционный обед, нужно дождаться момента, когда всех пригласят сесть за один общий стол. Хозяева всегда объявляют гостям заранее, какой у них будет стол: буфетный или традиционный. В России мужчины и женщины сидят за одним столом вне зависимости от родственных отношений.

В гостях не принято отказываться от угощения. Необходимо похвалить хотя бы одно из блюд, особенно если торжество устроено в вашу честь.

У русских принято:

Всё, что есть в печи, всё на стол мечи.

Когда потчуют, и воду пей.

7.6. Традиционные русские блюда

В отличие от жителей восточных стран, русские предпочитают варёные блюда жареным, хотя и от последних не отказываются. Русские часто едят жидкие супы, среди которых наиболее известными являются щи, борщ, рассольник, солянка, уха и окрошка.

Широко распространены и любимы блюда из картофеля. Картофель в России любят так же, как в странах Востока любят блюда из риса. Рис русские едят, но не так часто, как картофель и блюда из него. Русскими молочными продуктами считаются творог, кефир, сметана. Сметаной традиционно заправляют супы, пельмени и салаты.

Особое отношение у русских к блинам, массовое приготовление которых посвящено наступлению весны, вместе с которой приходят и первые тёплые солнечные дни, весёлый праздник Масленица. В дни Масленицы пекут блины и подают их с начинкой и без, с большим количеством масла. У каждой хозяйки свой рецепт приготовления блинов.

О блинах и Масленице народ сочинил много пословиц и поговорок.

Если что-то не получается, говорят:

Первый блин — комом.

О любви к блинам:

Где блины, тут и мы; где с маслом каша, тут место наше.

Блин и без масла в рот лезет.

О радости от скорого прихода весны и тепла:

Блинцы, блинчики, блины, как колёса у Весны.

Это Масленица идёт, блин да мёд несёт.

Салат «Оливье»

Ингредиенты: варёные яйца — 5 штук, солёные огурцы — 5 штук (средних по размеру), варёный картофель — 3–4 штуки, варёная морковь — 3–4 штуки, варёное мясо или колбаса, консервированный зелёный горошек — 1 банка.

Способ приготовления: всё нарезать кубиками, перемешать и заправить майонезом.

Блины

Ингредиенты: 3 стакана воды, 300 граммов муки, 3 яйца, по пол чайной ложки сахара и соли, столовая ложка растительного масла.

Способ приготовления: в миске смешать муку, соль, сахар; отдельно взбить яйца и смешать с водой и маслом. В муку влить жидкую массу и взбить тесто миксером. Должно получиться жидкое тесто. Блины выпекать с двух сторон, готовые блины смазать сливочным маслом. Начинка для блинов может быть любой.

7.7. Напитки

В гостях вас могут угостить безалкогольными и алкогольными напитками. К любимым в России безалкогольным напиткам относятся *чай, квас* и *минеральная вода* из природных источников.

Русские пословицы учат:

Вино с разумом не ходят: хмель шумит — ум молчит.

Много пить — добру не быть.

В стакане тонет больше людей, чем в море.

В России пьянство осуждается.

Однако в мире бытует мнение, что русские употребляют в больших количествах алкогольные напитки. Этот миф активно распространяют не только западные и восточные средства массовой информации, но и, к сожалению, иностранные преподаватели в своих странах, что не способствует налаживанию добрых и уважительных взаимоотношений между народами.

В то же время в мусульманских странах Ближнего Востока и в Китае не отказываются от спиртных напитков в праздничные и торжественные дни, если в стране не действует сухой закон, как, например, в Иране.

На самом деле русские употребляют алкоголь не больше, чем на Западе. Кроме того, последние статистические данные говорят о том, что потребление алкоголя в России за последние годы в целом снизилось.

Среди российской молодёжи уже не так модно курить табак и употреблять алкоголь, как раньше. Входит в моду здоровый образ жизни.

7.8. О чём говорят за столом?

По правилам этикета за столом не принято говорить о политике, о работе и о религии. Рекомендуется вести беседы о своих впечатлениях о стране и её людях, об искусстве, спорте, музыке, природе, погоде. Но русские не придерживаются строгих правил этикета в этой ситуации и говорят обо всём.

Никогда не следует навязывать свои темы для разговора!

Русские пословицы учат хозяина:

Напои, накорми, а после расспроси,

а гость должен помнить, что

Хлеб-соль кушай, а хозяина слушай.

И хозяину, и гостю пословица советует:

Не стыдно молчать, когда нечего сказать.

7.9. Когда лучше уйти?

Не стоит долго засиживаться в гостях. Если общество многолюдное и вам необходимо уйти, не нужно привлекать к себе всеобщее внимание. Достаточно попрощаться только с хозяевами. В противном случае придётся прощаться со всеми присутствующими. Правила хорошего тона требуют поблагодарить хозяев за гостеприимство и пригласить их к себе в гости.

Русские любят гостей, сами с удовольствием ходят в гости, но помнят, что

В гостях хорошо, а дома лучше.

Слова благодарности хозяевам:

Спасибо за прекрасный вечер!
Всё было очень вкусно!
Надеюсь, мы ещё встретимся!
Приходите/Приезжайте к нам/ко мне!
Буду очень рад!/Будем очень рады!

Вопросы:

1. Что дарят гости русским хозяевам?
2. Как рассаживаются гости в русском доме?
3. Угощают ли гостей перед обедом/ужином фруктами или сладостями в русском доме?
4. Какие русские блюда Вы ели? Какие блюда Вам нравятся?
5. Какое отношение к алкоголю и курению табака в Вашей стране?
6. Какие подарки нельзя дарить в Вашей стране?

Практическое задание 37. Подготовьте сообщение или напишите о культуре посещения гостей в Вашей стране, сравните её с русской.

Практическое задание 38. Напишите сочинение о Вашем опыте пребывания в гостях в русской семье.

Тема 8.
В ГОРОДЕ

Поведение в общественных местах строго регулируется не только этикетом, но и законодательством. Подразумевается, что воспитанный человек адекватно реагирует на любые позитивные или негативные события, которые происходят в публичном пространстве, а также соблюдает правила поведения на улицах городов.

8.1. Как переходить улицу?

Москва, как и все российские мегаполисы, по загруженности общественным и личным транспортом и народонаселению не отличается от любой другой столицы мира. Разница заключается в том, что многие московские улицы намного шире, чем улицы таких городов, как Тегеран или Анкара, а движение транспорта в Москве более интенсивное и скоростное.

В России существует особая культура вождения автомобиля. При этом русские отличаются в этом отношении и от европейцев, и от азиатов. Европейцы практически не нарушают правил дорожного движения, иначе придётся оплачивать огромные штрафы. В восточных же странах ездят как придётся , но всегда пропускают пешехода, где бы он ни переходил улицу. В восточных странах пешеход всегда прав, а авария с участием пострадавшего пешехода может стоить водителю всего его имущества.

Если иранцы, турки или арабы могут позволить себе переходить улицу в любом месте и в любой момент, когда им захочется, то в России всё иначе. Могут быть большие неприятности в виде штрафа. Реакция водителя на нарушение правил дорожного движения пешеходами тоже бывает неоднозначная.

Следует запомнить, что переходить дорогу необходимо:

а) только на пешеходном переходе,

б) только по сигналу светофора,

в) только убедившись, что движение транспорта остановилось.

8.2. Такси

Если вам позволяют средства, то такси — удобный вид передвижения по улицам в России. Однако российские таксисты, как и таксисты восточных стран, могут воспользоваться вашим незнанием города, местности и выступить в роли непрошенных «туристических гидов». Учтите: «прогулка» с ними обойдётся вам в приличную сумму.

С частным такси лучше не иметь дела. В случае необходимости вызывайте городское такси — это удобно, надёжно и не так дорого. Информацию о службах городского такси можно найти в Интернете. Например, в любой аэропорт Москвы на городском такси можно доехать существенно дешевле, чем на частном.

Кроме того, в аэропорты Москвы, такие как «Шереметьево», «Домодедово», «Внуково», можно добраться без пробок на специализированном скоростном поезде «Аэроэкспресс». Поезда следуют с Белорусского вокзала в аэропорт «Шереметьево», с Павелецкого вокзала — в аэропорт «Домодедово», с Киевского вокзала — в аэропорт «Внуково». «Аэроэкспресс» начинает работу в 5:30 утра и заканчивает в 00:30 ночи. Поезда комфортабельные, билеты относительно недорогие.

Обращение к таксисту:

1. Вы свободны?

2. Довезёте до метро (аптеки, вокзала, аэропорта, университета, института, банка и т. д.)?

3. Сколько стоит проезд до метро (Красной площади, музея, театра и т. д.)?

4. Сколько времени ехать до метро (стадиона, библиотеки, концертного зала и т. д.)?

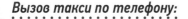

Вызов такси по телефону:

Вы: Алло, я бы хотел(а) вызвать такси.

Оператор: Ваш адрес?

Вы: Москва, улица Ломоносова, дом 2, подъезд 4.

Оператор: Куда поедете?

Вы: В аэропорт «Шереметьево».

Оператор: Багаж есть?

Вы: Чемодан и сумка.

Оператор: Заказ принят. Мы Вам перезвоним.

  ▷ вызвать такси
  ▷ заказать такси
  ▷ отменить заказ
  ▷ продлить заказ
  ▷ срочный заказ

8.3. Общественный транспорт

Во многих российских мегаполисах функционирует метро. Это самый удобный и быстрый вид транспорта, на котором можно добраться до любого района города без пробок. Даже имея собственную машину, россияне зачастую предпочитают оставлять её на парковке у метро и дальше передвигаться на подземном транспорте.

Трамваи, троллейбусы и автобусы являются наземным транспортом, которым ежедневно пользуются миллионы россиян. Стоимость проезда в них в наши дни составляет около 1 доллара США. Проездные билеты можно купить в специализированных киосках или у водителя во время остановок.

Не менее популярно маршрутное такси, которое представляет собой микроавтобус на 15–20 человек. В народе его называют «маршрутка».

Обращение к пассажирам:

1. Вы выходите сейчас?
2. Разрешите пройти.

Реплика пассажира: Я выхожу на этой (следующей) остановке.

Обращение к водителю:

1. Дайте, пожалуйста, один билет/одну поездку.
2. Один билет/одна поездка.
3. Сколько стоит один билет/одна поездка?
4. Я доеду до метро на этом автобусе/троллейбусе/трамвае/ на этой маршрутке?

Диалог:

Вы: На чём лучше доехать до метро? (Как доехать до метро? Что идёт до метро?)

Водитель: Вам нужен автобус номер 5.

8.4. Проверка документов

В российских городах проверка документов — обычная практика. Проверяют не только иностранцев, но и россиян, а точнее всех тех, кто, на взгляд стражей порядка, кажется подозрительным человеком. На то есть свои серьёзные причины. В результате террористических актов гибнут люди. У подозрительных граждан не только проверяют документы, но и их крупногабаритные вещи. Проверка идёт не только на вокзалах или в аэропортах, но и на улицах городов, в метро, в наземном транспорте. Население с пониманием относится к таким проверкам. Поэтому необходимо запомнить:

Документы, удостоверяющие вашу личность и право нахождения на территории России и в конкретном российском населённом пункте, всегда должны быть при вас.

———————— *Диалог-модель* ————————

 Полицейский: Добрый вечер! Сержант Иванов. Предъявите документы.
Иностранка: Пожалуйста.
Полицейский (после проверки): Всё в порядке. Приятного вечера.

 ———————— *Диалог-модель* ————————

 Полицейский: Добрый день! Капитан
Трофимов. Предъявите паспорт.
Иностранка: Пожалуйста.
Полицейский: Ваша миграционная карта?
Иностранка: Вот она.
Полицейский: Ваша регистрация?
Иностранка: Пожалуйста.
Всё в порядке?
Полицейский: Да. Можете идти.

Вопросы: ////////////////////////////

1. Соблюдают ли русские правила дорожного движения?
2. Является ли такси популярным видом транспорта в России?
3. Какие виды транспорта существуют в России? Какой из них самый удобный?
4. Зачем полицейские проверяют документы некоторых прохожих на улицах населённых пунктов в России? Проверяют ли документы на улицах в вашей стране?

///

Практическое задание 39. Подготовьте сообщение или напишите реферат о культуре поведения пешеходов на улицах городов в Вашей стране, сравните её с русской.

Тема 9.
ОДЕЖДА

Русская пословица гласит:

По одежде встречают, а по уму провожают.

Конечно, в том случае, когда у вас есть возможность показать себя умным человеком. На улице такого случая, наверное, не представится, следовательно, ваш внешний вид должен свидетельствовать о вашем культурном уровне.

9.1. Внешний вид

Жители Китая предпочитают не выделяться из толпы, арабы одеваются в соответствии со своими религиозными взглядами и климатическими условиями, турки — в зависимости от традиций в конкретной семье.

В Иране внешний вид регламентируется законодательством: женщина должна носить одежду, которая полностью закрывает туловище, руки и ноги; голова должна быть прикрыта платком, шалью или традиционным мусульманским головным убором — *хиджабом*. Хиджаб оставляет открытым лицо женщины, паранджу носят только в арабских странах. Иранки, служащие в государственных учреждениях, обязаны носить головные уборы и одежду чёрного цвета, а так как многие женщины там работают, на улицах иранских городов доминирует чёрный цвет. Мужчины в Иране свободнее в этом отношении, но существует запрет на ношение шорт в публичных местах.

Россияне в выборе одежды руководствуются только этикетом и личным вкусом.

При покупке одежды обычно учитываются следующие факторы: круг общения, сфера деятельности, соответствие времени года, модные тенденции, личные пристрастия и вкусы.

Многие считают, что человек либо рождается с врождённым чувством вкуса, либо оно воспитывается. Искусству одеваться со вкусом даже учат.

У молодёжи своя мода, особенно это проявляется летом, когда носят лёгкую одежду. Дресс-код существует в офисах крупных компаний, на некоторых официальных и культурных мероприятиях, в остальном никаких запретов нет ни в высших учебных заведениях, ни в любых других учреждениях.

Восточные мужчины не привыкли к тому, что женщины могут носить короткие юбки или шорты с майками в тёплое время года. Они считают, что так одеваются только женщины лёгкого поведения. И ошибаются! Россия — свободная страна. Женщины сами решают, как им одеваться.

9.2. Головной убор

Россиянки, как правило, покрывают голову платками, как мусульманки, только когда идут в церковь или на похоронах. В первом случае цвет одежды и платка не имеет значения, во втором одеваются во всё чёрное, особенно если хоронят родственника.

В России чёрный цвет — это цвет траура. Это не значит, что россияне вообще не носят в повседневной жизни одежду чёрного цвета. Конечно, носят, но важной деталью костюма является цвет головного убора.

Платки время от времени также входят в моду. Их с большим удовольствием носят женщины всех возрастов. Особенно популярны платки и шали из города Павловский Пасад Московской области.

9.3. Повседневная и праздничная одежда

В последнее время стираются грани между внешним видом представителей творческих профессий и деловых кругов. Однако служащие офисов должны быть более корректными в выборе одежды. Мужская одежда делового стиля предполагает строгость и элегантность. Женщины носят брючные костюмы или костюмы с юбкой средней длины.

Русские женщины вне зависимости от возраста часто наносят макияж и одеваются красиво не только в праздничные дни, что вызывает удивление у иностранцев из Европы или из стран Востока. Для иностранцев макияж и нарядная одежда, особенно платье, — атрибут праздника. «Почему русские женщины так одеваются?» — задаются они вопросом.

Во-первых, в России женщин больше, чем мужчин, потому что в XX веке Россия прошла через две мировые войны, революцию и гражданскую войну, распад большой страны — СССР.

Во-вторых, русские женщины одеваются нарядно, потому что хотят быть привлекательными, красивыми и счастливыми. Им всегда хочется праздника.

Вопросы:

1. Что учитывают русские при выборе одежды?
2. Какой цвет в Вашей стране имеет символическое значение?
3. Существует ли в России этикет ношения одежды в деловой сфере? В повседневной жизни и в праздничные дни?

Практическое задание 40. Подготовьте сообщение или напишите реферат о нормах выбора одежды в Вашей стране, сравните их с русскими традициями.

Тема 10.
СРОЧНАЯ ПОМОЩЬ

На родине вы чувствуете себя уверенно не только потому, что там ваши родственники и друзья, на которых вы можете положиться, но и потому, что вы знаете, куда и к кому нужно обратиться в случае каких-либо непредвиденных обстоятельств.

За границей вы находитесь в непривычных для вас условиях, потому что такой опоры нет. Приходится полагаться только на себя. К сожалению, никто и нигде не может быть застрахован от несчастных случаев, от опасных ситуаций, поэтому необходимо знать, как действовать в чрезвычайных обстоятельствах, когда событие выходит за рамки повседневного опыта человека.

10.1. МЧС России

МЧС России — это Министерство Российской Федерации по делам гражданской обороны, чрезвычайным ситуациям и ликвидации последствий стихийных бедствий. Это пожарная охрана, спасатели. Служба МЧС работает круглосуточно. Если с вами произошёл несчастный случай в помещении или вне помещения, вы попали в дорожно-транспортное происшествие, случился пожар в квартире, нужно набрать **единый телефон пожарных и спасателей: 01** по городскому телефону или **101** с мобильного. Вам необходимо *представиться, указать адрес, где вы находитесь, и рассказать о случившемся.*

Главное — не впадать в состояние оцепенения, а действовать в соответствии со сложившейся ситуацией. Старайтесь не паниковать, вам обязательно помогут.

Звоните по номеру **112** в случае, ЕСЛИ:

— Вам требуется помощь сразу нескольких экстренных служб;

— Вы растерялись и не знаете, к кому обратиться.

Пожалуйста, НЕ набирайте номер 112:

— из любопытства;

— для проверки телефонной связи.

Помните, что подобные звонки лишают попавших в беду людей возможности спасения.

Пожалуйста, не занимайте телефонные линии 112 НЕ экстренными звонками.

Прежде всего, в экстремальной ситуации нужно успокоиться и трезво оценить обстановку, решить, как надо действовать.

Основная информация, которую необходимо сообщить специалисту Службы-112:

— ЧТО случилось (суть происшествия);

— АДРЕС, где Вы (заявитель) или люди, которым требуется помощь, находитесь;

— ваши фамилию, имя и отчество и/или данные пострадавшего;

— контактный телефон.

Пожалуйста, **внимательно слушайте** специалиста Службы-112 и **старайтесь отвечать на ВСЕ вопросы**. Это необходимо для точного определения сил и средств экстренной помощи.

Пожалуйста, соблюдайте этику общения, не употребляйте оскорбительные выражения.

Помните!

Пока специалист Службы-112 ведёт с Вами разговор, помощь уже направляется к месту происшествия.

АДРЕС — наиболее важная часть вашего сообщения.

Пострадавший: Алло! Здравствуйте. Это МЧС?

Служба спасения: Служба МЧС. Слушаю Вас.

Пострадавший: Со мной случилось несчастье! Помогите!

Служба спасения: Успокойтесь. Назовите себя.

Пострадавший: Меня зовут Амир, моя фамилия Арасту. Я иранец.

Служба спасения: Что с Вами случилось?

Пострадавший: У моего ребёнка рука застряла в радиаторе отопления!

Служба спасения: Назовите Ваш адрес.

Пострадавший: ул. Мира, дом 5, квартира 14.

Служба спасения: Ждите. Едем к вам.

Если определить местонахождение трудно, попробуйте:

— узнать адрес у прохожих;

— найти адресный указатель на ближайшем здании;

— найти крупные узнаваемые объекты (метро, торговые центры, административные здания, автобусные остановки, километражные столбы и т. п.);

— использовать возможности вашего смартфона (навигационные приложения).

В прочих ситуациях постарайтесь максимально подробно описать специалисту Службы-112 окружающую Вас обстановку, назвать любые ориентиры, которые помогут определить Ваше местонахождение.

Другие полезные номера телефонов:

02/102 — полиция

03/103 — скорая медицинская помощь

04/104 — аварийная газовая служба

При звонке на эти номера действия те же, что и в случае со звонком в МЧС. Вам также надо будет назвать себя, указать адрес и причину звонка.

10.2. Как себя вести в непредвиденных ситуациях?

Чрезвычайные ситуации нередко возникают в общественных местах. Вас могут задержать местные правоохранительные органы при проверке ваших документов. При задержании или аресте не нужно оказывать сопротивление полиции, так как это может ухудшить ваше положение и спровоцировать полицейских на применение физической силы или оружия.

Кроме того, на улице может возникнуть угроза вашей безопасности со стороны каких-либо неадекватных лиц, может случиться дорожно-транспортное происшествие и другие инциденты. Во всех перечисленных выше обстоятельствах следует незамедлительно сообщить о случившемся в посольство или консульское учреждение вашей страны, номера телефонов которых у вас должны быть заранее записаны.

10.3. Как вести себя на улице?

По возможности проявляйте дружелюбие к местному населению и не привлекайте к себе повышенное внимание. Считайтесь с образом жизни в России, будьте терпеливы, не грубите, не повышайте голос, не унижайте достоинство людей. Нужно уважать местные обычаи и традиции, не стоит проявлять высокомерие и пренебрежение к местной культуре, которая во многом отличается от культуры стран Востока.

Вопросы: ////////////////////////////////

1. Какой номер телефона нужно набрать, чтобы вызвать службу скорой медицинской помощи, полицию, пожарных с мобильного или городского телефона?
2. Чем занимается МЧС России?
3. Оказывало ли помощь гражданам вашей страны МЧС России? Если да, расскажите об этом.

//

Практическое задание 41. Составьте диалог — телефонный разговор. *Условия:* Вы заболели, у Вас очень высокая температура. Куда Вы позвоните?

Практическое задание 42. Подготовьте сообщение или напишите реферат о службах помощи в экстремальных ситуациях в Вашей стране. Сравните их с российской системой.

Тема 11.
ПОДДЕРЖКА, ПООЩРЕНИЕ, ПОРИЦАНИЕ

В повседневном общении важно умение сформулировать не только слова благодарности или извинения, но и поддержки, поощрения или порицания.

11.1. Поддержка в мягкой форме

В России говорят, что слова не только лечат, но и калечат. Слова поддержки и поощрения служат прекрасным лекарством в трудную минуту. Но для начала надо выслушать человека, разделить его позицию, согласиться с ним, вместе подумать и найти разумное решение. При этом лучше говорить:

Да, ты прав(а).
Ты сделал(а) всё, что смог(ла)!
Ты сделал(а) всё, что было в твоих силах!
Ты всё правильно сделал(а)!
Ты поступил(а) благородно!

Если Ваш коллега или друг нуждается в поддержке, стоит её выразить в виде одобрения или похвалы. Например, можно сказать:

Ты молодец!
Ты хороший друг!
Ты сильный человек!
Держись!
Я восхищаюсь тобой! Ты здóрово держишься!

Ты на правильном пути!

У тебя всё получится!

Всё будет хорошо!

Ты всегда можешь на меня рассчитывать!

Всё наладится!

Если отношения на «Вы», то речевые формы поддержки могут быть следующими:

Вы отзывчивый человек!

Я восхищаюсь Вами!

Уверен(а), что всё будет хорошо!

Вы для меня всегда служите примером во всём!

Всё обязательно устроится!

Время лечит!

Будущее покажет, что Вы были правы!

Вы не должны терять самообладания!

Вы так великодушны!

Вы должны надеяться на лучшее!

Всё будет в порядке!

Как я Вас понимаю!

Я Вам очень сочувствую, но, поверьте мне, всё будет хорошо!

Практическое задание 43. Впишите в таблицу уместные реплики, если Вы хотите поддержать собеседника. *Ваша роль:* преподаватель.

студент	коллега	незнакомец	начальник

Практическое задание 44. Впишите в таблицу уместные реплики в зависимости от возможного характера отношений, если Вы хотите успокоить собеседника или выразить восхищение.

друг	родственник	коллега	начальник

Практическое задание 45. Составьте диалог. *Условия:* Вы хотите поддержать собеседника и выразить ему благодарность.

11.2. Поддержка в жёсткой форме

В жёсткой форме можно себе позволить поддержать только близкого друга или родственника. Произносить фразы нужно громко, внятно, чтобы привести человека в чувство. В этом случае используются глаголы в повелительном наклонении, но с позитивной интонацией:

Соберись!

Держи себя в руках!

Не вешай носа!

Приди в себя!

Хватит ныть!

Не поддавайся настроению!

Не думай больше об этом!

Забудь!

Выбрось всё из головы!

Держись! Всякое бывает!

Не падай духом!

Практическое задание 46. Составьте диалог, используя уместные реплики. *Условия:* Ваш коллега-друг потерял сумку с важными документами.

Практическое задание 47. Впишите в таблицу уместные реплики поддержки в мягкой и жёсткой форме в зависимости от характера отношений: а) официальные, б) неофициальные. *Ваша роль:* преподаватель.

студент	коллега	начальник	друг

11.3. Поощрение

Положительные эмоции в деловой практике и повседневной жизни имеют большое значение. Однако и поощрение требует соблюдения определённых правил этикета. Поощрение достигнет своей цели, если оно выражено в конкретной форме.

Вы настоящий профессионал!
Вы внесли своей работой существенный вклад в наше дело.
Ваш труд будет по достоинству оценён.
Благодаря Вашей работе наше предприятие стало ведущим в отрасли.
Благодаря Вам наша кафедра добилась высоких результатов.

Поощрение можно услышать непосредственно после успешно завершённой работы, которая заслуживает одобрения вне зависимости от степени её значимости. Большое значение имеет форма выражения признания успеха, правильно и вовремя найденное слово, высказанное в присутствии коллег, уважение которых для человека особенно важно. Поощрение может быть, в частности, выражено признанием профессиональных качеств:

Вы хороший специалист!
Вы прекрасный преподаватель!
Вы преподаватель от бога!
Вы исключительный переводчик!

Часто используются местоимения «какой» и «такой»:

Вы такой прекрасный переводчик!
Какой Вы талантливый преподаватель!
Вы такой образованный!

В некоторых случаях поддержка выражается в общей оценке положительных качеств человека:

Вы хорошо переводите!
С Вами приятно иметь дело!

Слова поощрения человеку, с которым общение идёт на «ты», могут быть выражены следующими речевыми формулами:

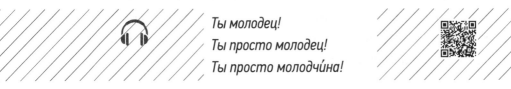

Ты молодец!
Ты просто молодец!
Ты просто молодчи́на!

Практическое задание 48. Впишите в таблицу уместные реплики похвалы. *Ваша роль:* начальник.

преподаватель	студент	коллега-начальник	рабочий

Практическое задание 49. Впишите в таблицу уместные реплики поощрения в зависимости от личностных отношений.

дружеские	родственные	формальные

11.4. Порицание

В порицании адресант выражает отрицательную оценку поступку адресата, поэтому реакция адресата на замечания может быть негативной. Порицание может быть нестрогим или строгим замечанием, которое должно представлять собой относительно тактичную форму осуждения или неодобрения.

Замечание лучше начать со слов:
Мне бы хотелось с Вами поговорить с глазу на глаз.
И далее:
Вы только не обижайтесь, но я должен Вам сказать, что Ваше поведение вызывает удивление и осуждение.

Для того чтобы избежать возможных неприятностей, я бы хотел сказать Вам, что...

Мне очень неприятно, но я обязан Вам сказать, что...

Я Вам, конечно, не судья, но...

Позвольте мне сказать, что...

Если же отношения предполагают обращение на «ты», выбор подходящих выражений остаётся за адресантом. Русский язык не ограничивает порицающего в выборе соответствующих выражений.

Практическое задание 50. Впишите в таблицу уместные реплики порицания в зависимости от личностных отношений.

дружественные	родственные	враждебные

Практическое задание 51. Составьте диалог, употребляя уместные реплики порицания. *Условия:* Вы преподаватель, а Ваш студент совершил проступок.

Тема 12.

ЖЕСТЫ, МИМИКА, ВЗГЛЯД

Жесты, **мимика**, **взгляд**, **дистанция** между собеседниками относятся к *невербальным* средствам общения, которые визуально воздействуют на собеседника. Учёные-психологи считают, что в ежедневном устном общении человека слова составляют 7 %, интонация — 38 %, невербальное воздействие — 53 %.

12.1. Жесты

В каждой культуре существует свой язык жестов. При неформальном общении гораздо больше проявляется индивидуальность языка жестов, а при официальном общении жесты часто отражают национально-культурные особенности собеседника. Жесты могут рассказать о состоянии человека больше, чем слова.

Жест защиты

Если собеседник скрестил руки на груди, следует пересмотреть то, что вы говорите или делаете, так как собеседник начинает уходить или отстраняется от обсуждения темы разговора. Если при этом собеседник ещё и скрестил ноги, то перед вами находится Ваш противник.

Жест скуки

Если голова лежит на ладони, а глаза полуприкрыты, то Ваш собеседник откровенно скучает. Человек смотрит на Вас, но не слушает, практически спит с открытыми глазами, не шевелится вообще — крайняя степень скуки.

Жест нервозности, тревожности

Если локти собеседника находятся на столе, а кисти рук скрещены на уровне лица, собеседник ждёт удобного момента, чтобы высказать своё мнение по теме разговора. Как только эта возможность, по мнению человека, появляется, руки опускаются вниз.

Жест желания перебить собеседника

Если человек пытается преодолеть желание перебить собеседника, он подёргивает себя за ухо. Поднятие руки обычно понимается как попытка прервать собеседника. Чтобы скрыть это внезапное желание, человек рукой тянется до мочки уха, чуть тянет ухо и только потом опускает руку вниз.

Жест доверия

Если кончики пальцев соединены наподобие купола, это говорит о том, что человек доверяет собеседнику, но при этом он абсолютно уверен в своих силах и в том, что сам говорит.

Жест силы

Если у человека прямая осанка, руки в карманах, а большие пальцы остались снаружи, если активно демонстрируется тыльная часть кистей рук, перед вами человек уверенный в себе и осознающий свою силу.

Значения некоторых жестов могут быть понятны людям всех культур.

Хочу есть!   _Хочу пить!_   _Хочу курить!_

В различных культурах одно и то же понятие может быть выражено разными жестами. Однако, например, «глупость» или «глупый» у русских, как и у других народов, передаётся постукиванием виска пальцем (рис. 1) или кулаком (рис. 2), а также вращательными движениями пальца у виска (рис. 3).

Рис. 1   _Рис. 2_   _Рис. 3_

Если что-то или кто-то надоел, русские передают это жестом, при котором подпирают подбородок кистью руки, ладонь при этом повёрнута вниз (рис. 4). На Востоке то же понятие передают тем же жестом, но кисть поднимают к носу (рис. 5). Кроме того, русские могут сопровождать данный жест словами: «Я сыт(а) по горло!»

Рис. 4

Жесты рук широко используются при невербальном общении, однако их значение в различных культурах толкуется по-разному.

Безобидные жесты, применяемые одними народами, могут в некоторых странах считаться непристойными, толковаться как оскорбительные или унизительные. Так, русские, как и европейцы, для передачи выражения «Всё хорошо!» сжимают пальцы в кулак и поднимают вверх большой палец. У иранцев, турок и арабов этот жест является прямым оскорблением или грубым требованием оставить в покое. Китайцы передают то же значение поднятым вверх или опущенным вниз мизинцем.

Особенно популярны в русской культуре жесты с указательным пальцем: 1) указывает на себя: *Я*; 2) указывает на кого-то: *Ты/Он/Она/Они*; 3) указывает наверх: *Внимание!*; 4) поднят вверх и раскачивается вправо и влево: *Нет!!/Запрещено!*; 5) кисть руки поднята вверх, указательный палец раскачивается вверх и вниз: *Поучение или угроза*; 6) указательным пальцем крутят у виска: *Ты/он/она сошёл (сошла) с ума*; 7) на вытянутой руке палец указывает вверх: *Прошу слова!*

Необходимо отметить, что не только русские, но и китайцы, иранцы, турки и арабы редко указывают на что-либо или кого-либо пальцем, так как использование указательного пальца для привлечения внимания говорит о низком уровне культуры человека. Зачастую для этого используется вся кисть.

Жестом кисти руки можно передать **агрессию** (рис. 6), **превосходство** (рис. 7), **открытость** (рис. 8) и другие состояния. Вообще, жестов рук очень много, и в рамках данного пособия описать их все не представляется возможным.

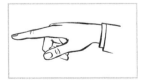

Рис. 6

Рис. 7

Рис. 8

12.2. Мимика

Мимика является ярким отражением эмоционального состояния человека. Мимические выражения несут более 70 % информации о состоянии собеседника. Типичные выражения лица при наиболее часто испытываемых эмоциях сходны во всех культурах. Наиболее ярки выражения:

• *радости* — улыбка на лице;

• *страдания* — лицо застывшее, губы опущены, глаза тусклые, брови сведены;

• *страха* — брови подняты, рот открыт, морщины на лбу, глаза расширены;

• *печали* — глаза прикрыты, губы опущены, лицо застывшее;

• *гнева* — губы плотно сжаты, глаза широко открыты или прищурены.

Стоит отметить, что улыбка на лице русских не очень частое явление, так как русские в выражении своих эмоций зачастую более искренни, чем другие народы, сильнее увязывают улыбку с подлинным переживанием эмоции.

12.3. Взгляд

В России, в отличие от восточной традиции, принято смотреть в глаза собеседнику вне зависимости от пола, поэтому русские придают большое значение взглядам, выражению глаз. Не случайно в русской культуре слово «глаза» столь значительно:

Сказать правду в глаза.
Смотреть в глаза опасности.
Смотреть в глаза смерти.
Открыть глаза на правду.

В то же время пристальное разглядывание собеседника или взгляд в упор не приветствуется. Это считается бестактностью, создаёт чувство психологического дискомфорта. Обычно смотрят в глаза, когда здороваются, в конце каждой реплики, в важные моменты общения.

Человека, не смотрящего или мало смотрящего на собеседника, русские считают неискренним, холодным, с нечистой совестью, с которым лучше не иметь никаких дел. Глаза — зеркало души человека, уверены русские люди.

12.4. Говорить или жестикулировать?

Следует помнить, что значение жестов, мимики и других невербальных средств коммуникации значительно отличается в русской культуре и в культурах других народов, они могут быть неправильно поняты русскими. В частности, неверно может быть истолковано выражение восточными людьми:

а) *удивления* — поднесение указательного пальца ко рту;

б) *согласия* — резкий кивок вправо;

в) *несогласия* — резкое откидывание головы назад, иногда сопровождаемое звуком «ц» на вдохе.

Поэтому для достижения понимания и во избежание конфликтов в общении лучше использовать только вербальные средства, то есть лучше говорить и стараться не жестикулировать.

Вопросы:

1. Какими средствами в большей степени передаётся значение слова или реплики?
2. Какие жесты русской невербальной культуры совпадают с жестами в Вашей культуре?
3. Какие жесты русской невербальной культуры могут быть восприняты негативно в вашей стране?
4. Какую роль играет мимика, улыбка в вашей культуре?
5. Какая дистанция, по мнению русских, является комфортной между собеседниками?

Практическое задание 52. Подготовьте сообщение или напишите реферат о невербальной культуре общения в Вашей стране, сравните её с русской.

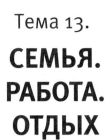

Тема 13.
СЕМЬЯ. РАБОТА. ОТДЫХ

Русские, как и восточные люди, очень дорожат своей семьёй.

Говорят сами русские и русские пословицы:

Семья — это святое! Семья — это тыл!

Семья — это семь я!

Дай Бог, раз жениться, раз креститься и раз умирать.

Добрая семья прибавит разума-ума.

В семье любовь да совет, так и нужды нет.

13.1. Государство на защите семьи

В стране государство и общество консолидируются в деле упрочения авторитета и поддержки статуса семьи, семейных ценностей. В России разработана концепция семейной политики, принят ряд законов, направленных на защиту семейных ценностей, само́й семьи, а также на материальное обеспечение социально незащищённых членов общества. Государственная Дума приняла закон «Об обязательном социальном страховании на случай временной нетрудоспособности и в связи с материнством». Закон предусматривает выплату ежемесячных пособий по уходу за маленькими детьми, при временной нетрудоспособности, а также лицам, которые ухаживают за тяжелобольными. Пожилые семейные пары могут рассчитывать на государственную поддержку, даже если дети стали взрослыми. В некоторых областях России супруги, которые прожили в браке 50 лет и более, получают к юбилею совместной жизни единовременное пособие в размере от 50 тысяч рублей и выше.

Многодетные семьи — приоритет сегодняшней России. Молодые семьи поощряются за каждого рождённого ребёнка. Существуют ежемесячные выплаты до достижения ребёнком полутора лет, а при рождении второго и последующего ребёнка полагается «Материнский (семейный) капитал» — особая мера государственной поддержки российских семей. Также существуют разнообразные льготы и пособия для многодетных семей (семей, в которых воспитывается трое или более детей).

13.2. Браки и разводы

В то же время данные статистики общего состоянии института брака в России нельзя назвать положительными. Сейчас каждая вторая семья распадается, 70 % разводов приходится на молодые семьи. В отличие от мусульманских стран Востока, где дети по закону после развода остаются с отцом, в России родители имеют равные права на детей. Однако чаще всего после развода дети остаются с матерью, и практически весь груз забот о детях ложится на плечи женщины. Сегодня новые российские законы направлены на укрепление семейных отношений.

13.3. Семейная территория

Нормы поведения в русских семьях те же, что и во многих других странах. Взгляды на семью, взаимоотношения в семье, взаимоотношения членов семьи с другими членами общества достаточно традиционны. Соответственно, и поведение членов семьи основано на тех традициях, которые складывались веками в России и передаются из поколения в поколение.

Так, например, россияне не могут заключить брак со своими кровными братьями и сёстрами или с двоюродными братьями и сёстрами. Однополые браки в настоящее время запрещены законом РФ. Популярные в Европе парады людей с нетрадиционной сексуальной ориентацией в России никогда не проводились и, скорее всего, проводиться не будут, так как даже сама идея проведения таких парадов зачастую вызывает настороженную реакцию в обществе.

13.4. Отдых

Россияне только в последние десятилетия получили широкую возможность путешествовать в разные страны мира. Сейчас вряд ли можно найти точку на карте мира, где бы ни побывали россияне. Они активно ездят кататься на лыжах, смотреть знаменитые памятники природы и архитектуры, учиться и пр. Туристов из России сложно чем-то испугать. Например, когда у побережья Египта появились акулы, нападавшие на людей, европейцы стали возвращаться в свои страны, а русские с удовольствием продолжали свой отдых.

Вопросы://////////////////////////////

1. Как в России государство заботится о статусе семьи, укреплении традиционных семейных ценностей?
2. Какая в России осуществляется политика по поддержанию рождаемости?
3. Какое отношение у россиян к семье?
4. Где любят отдыхать россияне?

//////////////////////////////////

Практическое задание 53. Подготовьте сообщение или напишите реферат о государственной политике по отношению к семье, к детям, к старикам в Вашей стране, сравните её с российской.

Практическое задание 54. Подготовьте сообщение или напишите реферат о семейных ценностях в Вашей стране, сравните их с российскими.

Тема 14.
ПРАЗДНИКИ

Официальные праздники в России

1, 2, 3, 4, 5, 6 и 8 января — новогодние каникулы

7 января — Православное Рождество

23 февраля — День защитника Отечества

8 марта — Международный женский день

1 мая — Праздник Весны и Труда

9 мая — День Победы

12 июня — День России

4 ноября — День народного единства

14.1. Новый год и новогодние каникулы

Историческая справка

В России со времён введения христианства Новый год праздновали в марте. Великий князь Иоанн III в 1492 году утвердил решение Московского собора о праздновании Нового года 1 сентября. Однако в 1699 году Пётр I издал указ отмечать Новый год 1 января, как в Европе.

В настоящее время россияне встречают Новый год в ночь с 31 декабря на 1 января ровно в полночь.

В России принято дарить подарки на 23 февраля мужчинам, на 8 марта — женщинам и, конечно, всем в канун Нового года. На Новый год также посылают поздравительные открытки, а дети пишут письма Деду Морозу — русскому Санта-Клаусу. Обычно родственники и друзья заранее выясняют, кто и что хотел бы получить в подарок на Новый год.

Дорогой Дедушка Мороз!
Я весь год хорошо себя вёл, слушался папу и маму.
Подари мне на Новый год велосипед и настоящие часы.

Даниил, 6 лет.

В поздравительных открытках русские желают родным, друзьям и знакомым здоровья, благополучия, успеха, удачи. Женщинам — красоты, долгой молодости, любви. Мужчинам — сил, мужества, мудрости.

ПОЗДРАВЛЕНИЯ

Официальные отношения

Уважаемый Олег Иванович!
Поздравляю(ем) Вас с Новым годом! Желаю(ем) Вам крепкого здоровья, успехов в работе и всех благ.

Ваши студенты

Неофициальные отношения

Дорогой друг!
Поздравляю тебя с Новым годом! Желаю тебе богатырского здоровья, мужества, удачи во всех делах!

Юрий Ермолаев

К новогоднему столу всегда готовят традиционное блюдо: салат «Оливье». Остальные блюда могут быть самыми разнообразными, в отличие от восточного новогоднего стола. На Востоке на столе в обязательном порядке должна быть рыба: живая в ёмкости с водой или в виде рыбного блюда как символа счастья, удачи, изобилия. А в Иране должно быть семь блюд на букву «с».

14.2. Рождество Христово (7 января)

Историческая справка

Православные христиане считают, что в этот день у Девы Марии, которую христиане называют Богородицей, родился Иисус Христос. В настоящее время празднику Рождества Христова предшествует сорокадневный Рождественский пост. Канун Рождества получил название Сочельник, предположительно по названию особого блюда — *сочива*, которое по традиции принято есть в этот день после появления на небе первой звезды. Сочиво — это варёные зёрна пшеницы или риса, смешанные с мёдом, орехами и маком. После Рождества наступают Святки — святые 12 дней, в течение которых отмечается праздник.

Наши дни

Праздник не утратил своего значения и в настоящее время. Верующие люди посещают церкви, где проходят торжественные праздничные службы, собираются всей семьёй за праздничным столом или идут в гости. На Рождество принято дарить друг другу подарки. Особенно любят это праздник дети. Основным символом Рождества считается Рождественская ель. Другой важный символ Рождества — Вифлеемская звезда. Люди всегда всматривались в звёзды и восхищались видом ночного неба. Но Вифлеемская звезда занимает особое место. Это та звезда, которая привела к колыбели Иисуса волхвов с дарами. Её лучи указали путь до места рождения Спасителя. Эту звезду традиционно помещают на верхушку Рождественской ели.

14.3. День защитника Отечества (23 февраля)

Историческая справка.

Праздник существовал ещё во времена СССР. 10 февраля 1995 года Государственная Дума России приняла Федеральный закон «О днях воинской славы России». В законе сказано, что «23 февраля — День победы Красной армии над кайзеровскими войсками Германии в 1918 году — День защитника Отечества».

В этот день принято поздравлять всех мужчин и даже мальчиков — будущих защитников Родины с праздником, дарить им подарки.

14.4. Международный женский день (8 марта)

Историческая справка
. . . .

В 1911 году в разные дни в Австрии, Германии, Дании и Швейцарии впервые отметили женский день, который назвали международным. В России Международный женский день впервые отметили в 1913 году, но только в одном городе, а с 1914-го его отмечают по всей стране. Организация Объединённых Наций объявила, что 1975 год пройдёт как Год женщин, а 8 марта, по предложению делегации из СССР, получил официальный статус Международного женского дня, который исторически появился как день солидарности женщин во многих странах в борьбе за равные права и эмансипацию.

Наши дни
. . . .

В России это один из любимых весенних праздников — день, в который принято дарить женщинам цветы и подарки.

14.5. Праздник Весны и Труда (1 мая)

Историческая справка
. . . .

Впервые на территории Российской империи этот день стали отмечать в 1890—1891 годах: тогда прошли первые забастовки рабочих в крупных городах с требованиями улучшения условий труда, сокращения рабочего дня и повышения заработной платы. В Советском Союзе праздник отмечался широко, проходили многотысячные народные демонстрации. Первое мая считался днём международной солидарности трудящихся всех стран.

Наши дни
. . . .

Сегодня в Российской Федерации 1 мая отмечается как Праздник Весны и Труда. Традиционно в этот день проходят демонстрации, концерты и массовые гуляния на главных площадях городов России.

14.6. День Победы в Великой Отечественной войне (9 мая)

Историческая справка

Великая Отечественная война длилась четыре года, с 22 июня 1941 года по 9 мая 1945 года. На территорию СССР вторглись войска нацистской Германии и её основных европейских союзников: Венгрии, Италии, Румынии, Словакии, Финляндии, Хорватии, при активной поддержке и содействии практически всех стран Европы, которые формально не участвовали в войне против Советского Союза. Великая Отечественная война является главной частью Второй мировой войны: на Восточном фронте сражалось около 80 % всех подразделений немецких войск и их союзников. Великая Отечественная война завершилась полной победой СССР и безоговорочной капитуляцией вооружённых сил Германии. На Западе войну с СССР обозначают как Восточный фронт, в Германии называют Немецко-советской войной.

Наши дни

День Победы — праздник победы советского народа над нацистской Германией в Великой Отечественной войне 1941–1945 годов. Установлен Указом Президиума Верховного Совета СССР от 8 мая 1945 года и отмечается 9 мая каждого года. Это очень важный для каждого россиянина день. Именно 9 мая россияне особенно сильно чувствуют гордость за свою историю, за свой многострадальный народ и хотят верить, что ужасы войны больше никогда не повторятся на их земле.

С 2012 года в этот день в городах России и за рубежом проходит акция «Бессмертный полк». Люди выходят на торжественное шествие с портретами своих родных и близких, которые погибли в годы Великой Отечественной войны.

В день празднования семидесятой годовщины победы в Великой Отечественной войне 1941–1945 годов в России прошла беспрецедентная по своим масштабам акция «Бессмертный полк». Она стала народной частью Парада Победы и объединила в своих рядах более двенадцати миллионов человек. «Бессмертный полк» всколыхнул волну памяти о героях Великой Отечественной войны: ветеранах армии и флота, тружениках тыла и партизанах, узниках фашистских лагерей, блокадниках, бойцах сопротивления... Обо всех тех, кто внёс свой личный вклад в общее дело победы над фашизмом. Личная память — важнейший смысл «Бессмертного полка». Официальная страница движения: https://polkrf.ru

14.7. День России (12 июня)

Историческая справка. Наши дни

День России — это один из новейших государственных праздников. В 1994 году первый Президент России Борис Ельцин издал указ, в котором день 12 июня определён государственным праздником — Днём принятия декларации о государственном суверенитете России.

14.8. День народного единства (4 ноября)

Историческая справка

С 2005 года день Казанской иконы Божией Матери отмечается как День народного единства. Это не новый праздник, а возвращение к традиционно отмечавшемуся празднику после длительного перерыва (с 1917 по 2005 год). Царь Алексей Михайлович в 1649 году объявил день Казанской иконы Божией Матери государственным праздником. В этот день вспоминают вождей народного ополчения Кузьму Минина и Дмитрия Пожарского, которые во времена Великой Смуты подняли народ и отстояли суверенитет России от Польши и её европейских союзников. Пётр I называл Кузьму Минина «спасителем Отечества».

Праздничные дни в России являются государственными выходными днями. Особенно праздничное настроение царит во время встречи Нового года и Рождества, поэтому с 31 декабря по 10 января не работает ни одно учреждение, не ходят на занятия в университет, не оформляют регистрацию и т. п.

Вопросы:

1. Почему в России несколько раз менялась дата празднования Нового года?
2. Что принято дарить на Новый год в России?

3. Какое значение в современной России имеет праздник Рождества?

4. Почему россияне поздравляют 23 февраля и мужчин, и мальчиков?

5. Как празднуют 1 мая в России?

6. Расскажите об акции «Бессмертный полк». Как Вы воспринимаете это движение?

7. Что Вы знаете о Второй мировой войне и о роли СССР в ней?

8. Что Вы знаете о первом Президенте России Борисе Ельцине?

9. Кузьме Минину и Дмитрию Пожарскому установлен памятник на Красной площади. Кто они? Что Вы о них знаете?

///

Практическое задание 55. *Подготовьте сообщение или напишите реферат о праздновании Нового года в Вашей стране, сравните его с российскими традициями.*

Практическое задание 56. *Подготовьте сообщение или напишите реферат о государственных праздниках в Вашей стране, сравните их с государственными праздниками России.*

Тема 15.
ФОЛЬКЛОР: ГЕРОИ СКАЗОК

Знакомство с родной культурой начинается с детства: родители читают или рассказывают ребёнку сказки, поют народные песни, знакомят с пословицами и поговорками, загадывают загадки. Самобытность культуры, многовековой опыт народа постигается и впитывается ребёнком, становится его первой национально-духовной «одеждой», первым «я». Фольклор формирует мировоззрение и идеалы маленького человека, представление о добре и зле.

Русские сказки формируют добрые чувства. Верность, сочувствие, благородство, справедливость, доброта — эти качества очень ценят в сказочных героях.

Многие русские сказки очень поучительны, в них нашла отражение народная мудрость. Место действия в русских сказках всегда неопределённое: «в некотором царстве, в некотором государстве», «за горами, за лесами, за широкими морями, не на небе — на земле»... Какие же герои или персонажи живут в этом царстве-государстве? Какой из персонажей олицетворяет русского человека? Кто на самом деле Иван-царевич?

15.1. Иван-царевич или Иван-дурак?

Иван-царевич и Иван-дурак — одни из главных и любимых персонажей русского народного творчества.

Иван-царевич живёт во дворце, а Иван-дурак — в избе. Один богат, другой бедняк. Они существуют в разных условиях, но всегда попадают в волшебные ситуации, которые помогают раскрыть характеры этих

двух героев. Сказочные сюжеты нередко связывают их с братьями, среди которых Иван — младший брат. При этом Иван-царевич — равный среди братьев, а над Иваном-дураком братья смеются, считают его бестолковым, глупым. Но Иван-дурак не возражает, не злится на братьев.

Иван-царевич — идеальный сказочный герой: смелый, мужественный, справедливый, добрый, умный, красивый. Иван-дурак хоть и не очень красив, но не уступает Ивану-царевичу в храбрости и честности.

Иван-дурак — самый бесхитростный, простодушный, бескорыстный и добрый сказочный герой-мечтатель. Ему помогают птицы и звери победить злых и алчных людей. И в конце русской сказки Иван-дурак часто вознаграждается за смелость и честность, он становится Иваном-царевичем или даже Иваном-царём, как в сказке «Конёк-горбунок».

Иван-царевич и Иван-дурак — это две стороны одной медали, и в русском человеке уживаются оба. Поступки Ивана-царевича — образец достижения наивысшего успеха. По повелению или по собственному долгу Иван-царевич призван выполнять некую опасную и сложную задачу, связанную с риском, и при этом он проходит через такие испытания, которые и делают его достойным статуса царевича. По некоторым версиям имя с эпитетом «дурак» является именем-оберегом, защищающим от сглаза. По другой версии «дурак» — это имущественный статус Ивана. Поскольку он третий сын, ему не положена доля в наследстве, то есть он остаётся в дураках.

Для сравнения главным персонажем арабских, китайских, персидских и турецких сказок является бедняк, который, как и Иван-дурак, в конечном счёте оказывается смелее, честнее, мудрее и добрее богатого хозяина или хитрых и алчных родственников.

Слово «дурак» в русской языковой культуре не всегда значит «глупый». Так иногда завистники называют странных и неординарных людей с нестандартным, оригинальным образом мышления, которые не хотят и не могут быть такими, как все. Зачастую это талантливые люди, достойные уважения.

15.2. Василиса Прекрасная и Василиса Премудрая

Русская фольклорная традиция ожидает от женщины сочетания идеальной внешности и прекрасных душевных качеств, что отражено в образе главных сказочных героинь.

Народное творчество воспевает идеал женской красоты, величия, доброты и мудрости, которые в первую очередь воплотились в героинях русских сказок Василисе Прекрасной и Василисе Премудрой. Эти героини стали символами исконно русского женского характера, которому свойственна женственность, доброта, мудрость, заботливость, скромность, жертвенность и трудолюбие.

Василиса Премудрая — хранительница семейных традиций. Василиса Прекрасная не только верная жена, но и при случае может взять на себя управление государством.

Обе Василисы связаны с природными стихиями воды, воздуха, огня, земли, которые помогают им достойно выдержать все испытания. Они — и простые женщины, и волшебницы, которым подвластна природа — птицы и звери, ветра́ и стихии, леса, океаны и моря.

15.3. Три богатыря

Для русского человека родина — это не просто политическая форма организации общества на определённой территории, законы которого должны служить интересам каждого человека. Это земля предков, которые передали её следующим поколениям, которые должны беречь и защищать родную землю. Слова «отечество» и «родина» очень много значат для русских людей.

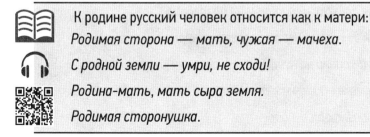

К родине русский человек относится как к матери:

Родимая сторона — мать, чужая — мачеха.

С родной земли — умри, не сходи!

Родина-мать, мать сыра земля.

Родимая сторонушка.

Кто встаёт на защиту родины-матери от врагов? Её сыновья — богатыри земли русской. Самые известные из них — три богатыря: Илья Муромец, Добрыня Никитич и Алёша Попович.

Рассказы о них отражены в русских сказках, былинах, народных песнях. Сегодня они любимые герои художественных и мультипликационных фильмов.

Три богатыря, три товарища, три друга. Правда на их стороне, поэтому они всегда побеждают. Князь Александр Невский говорил: «Не в силе Бог, а в правде...», «Кто к нам с мечом придёт, от меча и погибнет».

Богатыри сильны своей дружбой, взаимопомощью и поддержкой.

В русской культуре слово «друг» значит гораздо больше, чем в иных культурах. Если представители других народов называют другом любого знакомого человека, то для русского человека друг — как брат, а иногда друг даже дороже и ближе брата. Не каждого русский может назвать другом, но если назвал и признал другом, то верен своей дружбе.

Существует много пословиц и поговорок о дружбе. Вот некоторые из них:

Дерево держится корнями, а человек друзьями.

Дружба крепка не лестью, а правдой и честью.

Большая заслуга — выручить в беде друга.

Крепкую дружбу и топором не разрубишь.

Человек без друзей, что дерево без корней.

Друга на деньги не купишь.

Нет друга — ищи, нашёл — береги.

Друзья познаются в беде.

Сам пропадай, а товарищей выручай.

Русский человек открыт дружбе, хорошим отношениям, готов всегда помочь другу, но если случится обман со стороны человека, которого русский считал другом, то предательства русский никогда не простит, потому что «неверный друг опаснее врага».

Вопросы:////////////////////////////

1. Какие сказочные герои русских сказок, по вашему мнению, олицетворяют характер русского человека? Почему?
2. Почему Иван-царевич является одним из любимых русскими сказочных героев?
3. Почему Иван-дурак побеждает своих врагов?
4. Как представлены женские образы в русских сказках?
5. Что значат в русской культуре такие понятия, как *дружба, друг*?
6. Как русские относятся к своей родине? Как это отражено в русских сказках, пословицах?

//

Практическое задание 57. Подготовьте сообщение или напишите реферат о любимых сказочных героях в фольклоре Вашей страны, сравните их с русскими.

Практическое задание 58. Подготовьте сообщение или напишите реферат об отношении к дружбе в Вашей культуре, сравните его с отношением к дружбе в России.

Тема 16.
РЕЛИГИЯ В РОССИИ

16.1. Россия является светским государством

Россия — это многонациональная и многоконфессиональная страна, в которой свобода совести и вероисповедания гарантируется Конституцией РФ. В России действуют более 70 религиозных конфессий, каждая из которых свободно исповедует свою религию, верующие без ограничений посещают православные церкви, католические костёлы, мечети, синагоги, буддистские и другие храмы.

16.2. Религиозные конфессии в России

Большинство верующих людей в России исповедуют христианство в форме православия (около 90 миллионов православных), в меньшей степени католицизма (до одного миллиона католиков), протестантизма (около 2 миллионов протестантов). Около 400 тысяч составляют христиане Армянской апостольской церкви. Ислам — вторая по распространённости религия в России (более 14 миллионов мусульман), далее по численности верующих следуют буддизм (более 500 тысяч буддистов), иудаизм (более 200 тысяч иудеев) и язычество (более 200 тысяч язычников).

16.3. Православие

Во времена правления князя Владимира, в конце X века, Русь приняла христианство восточного образца — православие, которое стало главенствующей религией государства. С этого момента и до 1917 года Россией правили только православные цари и царицы.

16.4. Православие в период СССР

В октябре 1917 года власть в России захватили большевики-атеисты. Ими был принят «Декрет о свободе совести, церковных и религиозных обществах», по которому православная церковь отделялась от государства, а в школах запретили преподавать религиозные предметы. Советская власть проводила жёсткую антирелигиозную политику на государственном уровне. В 20–30-е годы XX века массово закрывались, уничтожались или осквернялись храмы, запрещалась работа всех религиозных организаций, проводились репрессии против служителей всех конфессий и простых верующих людей. Эффективность такой политики оказалась не слишком высокой. Результаты переписи населения 1937 года показали, что 57 % населения Советского Союза оставались верующими людьми.

16.5. Православие сегодня

В современной России отношения между государством и традиционными религиозными конфессиями урегулированы, принят Федеральный закон от 26 сентября 1997 года «О свободе совести и религиозных объединениях». Совет по делам религий при Администрации Президента Российской Федерации является центральной структурой, которая осуществляет связь между государственными властями и религиозными конфессиями. В каждом субъекте Российской Федерации действуют специальные структуры по связям с религиозными служителями.

16.6. Ислам в России

Ислам — вторая по распространённости религия в России, конфессия является суннитской халифатского толка. Мусульмане составляют более 10 % населения Российской Федерации и проживают компактно в Поволжье и Приуралье, в регионах Сибири и европейской части России, а также на Северном Кавказе. В русских землях мусульмане появились в VII–VIII веках во времена расширения Арабского халифата. В Российской империи центром ислама был и остаётся город Казань — столица Татарстана.

16.7. Католицизм и протестантизм в России

Католицизм традиционно распространён в западных областях России. Распространение католицизма началось в XIX веке, после присоединения польских и белорусских земель. Протестантизм появился в России в XVI веке и распространился в XVIII–XIX веках с появлением переселенцев из Германии. К протестантским приходам относятся Немецкая евангелическая лютеранская церковь — самая крупная лютеранская церковь в России, а также баптисты, адвентисты седьмого дня, пятидесятники и многие другие. Однако приверженцев этих течений в России мало.

16.8. Иудаизм в России

Сегодня иудаизм является одной из основных четырёх традиционных религиозных конфессий в России. Иудаизм распространён главным образом в крупных городах. Число иудеев в России по данным еврейских организаций составляет почти 230 тысяч человек.

Первые упоминания об иудеях на Руси появились во времена правления князя Святослава. В 1776 году иудеи получили право на собственность и своё вероисповедание. В 1791 году Екатерина II издала закон, по которому иудеям была определена черта осёдлости на территории современной Беларуси. Иудейские общины появились в российских городах не ранее XIX века. В годы Советской власти синагоги были закрыты, но в наши дни они есть во всех крупных городах.

16.9. Буддизм в России

Буддизм является традиционной религией для трёх регионов России: Бурятии, Тувы и Калмыкии. По сведениям Буддийской Ассоциации России, число людей, исповедующих буддизм, составляет более 500 тысяч человек. Буддизм распространился в России в XVII веке с приходом кочевых племён бурят и калмыков из Китая в низовья Волги и в Забайкалье. Во второй половине XVIII века часть калмыков вернулась в Китай, остальные поселились вдоль рек Урал, Терек и Кума. Позиции буддизма укрепились в 1914 году с присоединением к России Тувы с 22 монастырями. Однако с 1917 года на буддийское духовенство, как и на служителей других конфессий, начались гонения. И только в 1940 году в СССР было создано «Центральное духовное управление буддистов», а в Туве, Калмыкии и Санкт-Петербурге вновь открылись буддийские общины.

16.10. Язычество в России

Язычников в России не так много, в основном к ним относятся народы Крайнего Севера, которые проживают в Якутии, на Камчатке, Ямале.

Вопросы:

1. Какая религия в России является самой распространённой?
2. Какое место по численности верующих среди религий России занимает ислам?
3. Какой тип ислама исповедуется российскими мусульманами?
4. Как Вы считаете, сильны ли консервативные традиции в России?
5. Россия — светское или религиозное государство?

Практическое задание 59. Подготовьте сообщение или напишите реферат о религиях в Вашей стране, сравните ситуацию с Россией.

Практическое задание 60. Подготовьте сообщение или напишите реферат о религиозных традициях в Вашей стране. О каких религиозных праздниках в России Вы знаете?

Тема 17.
ОБРАЗОВАНИЕ В РОССИИ

17.1. Уровни образования в России

С 1 сентября 2013 года в Российской Федерации установлены следующие уровни общего образования:
1) дошкольное образование;
2) начальное общее образование;
3) основное общее образование;
4) среднее общее образование.

Профессиональное образование разделяется на следующие уровни:
1) среднее профессиональное образование;
2) высшее образование — бакалавриат;
3) высшее образование — специалитет, магистратура;
4) высшее образование — подготовка кадров высшей квалификации.

Аспирантура — для тех, кто имеет диплом специалиста или магистра. *Докторантура* — для кандидатов наук, профессионалов, имеющих учёную степень доктора той или иной науки (Ph.D).

17.2. Типы образовательных учреждений

Для детей дошкольного возраста предусмотрены ясли и детские сады. Начальное, основное и среднее образование получают в школах, лицеях и гимназиях в возрасте от 6 до 17 лет. Высшие учебные заведения (университеты, институты) — для людей, имеющих среднее общее образование.

В России институты — это специализирующиеся в определённой области профессиональные высшие учебные заведения. Например, Институт русского языка им. А. С. Пушкина (г. Москва).

17.3. Формы образования

Существуют различные формы образования: *очная, очно-заочная* (вечерняя и заочная) и *дистанционная* формы обучения. Правительство Российской Федерации устанавливает перечень требований и образовательных стандартов к содержанию образования, знаниям и умениям выпускников. Стандарты одинаковы для любой формы обучения.

17.4. Порядок приёма иностранных граждан в образовательные учреждения России

Иностранные граждане имеют право поступать в государственные и частные образовательные учреждения высшего и среднего профессионального образования Российской Федерации в соответствии с межправительственными соглашениями, а также соглашениями, заключаемыми Министерством науки и высшего образования России с государственными органами управления образованием зарубежных стран.

Дополнительная информация

Больше информации о правилах поступления, зачисления, формах обучения в российских учебных заведениях можно найти на сайте http://www.russia.edu.ru.

17.5. Обучение иностранных граждан в России

Зачисление иностранных граждан в образовательные учреждения высшего и среднего профессионального образования Российской Федерации на все формы обучения и повышения квалификации осуществляется на основании направления Департамента международного сотрудничества Министерства науки и высшего образования России.

17.6. Иностранные граждане, не владеющие русским языком

Иностранные граждане, не владеющие русским языком, зачисляются на платной основе на подготовительные факультеты *(подфак)* учебных заведений сроком обучения один год.

Учебная программа подфака: русский язык, литература, история, страноведение, география и другие предметы в зависимости от специальности, которую иностранец намерен получить. В конце учебного года проводятся выпускные экзамены, слушатели получают свидетельства об окончании подфака и направляются на обучение по избранной специальности в высшие учебные заведения России. Отчисляются с подфака те иностранные граждане, которые не показали на экзаменах знаний, необходимых для обучения в соответствующем учебном заведении, а именно уровень владения русским языком ТРКИ-1 (В-1).

17.7. Образовательные документы

Иностранные граждане, желающие получить образование по программе *бакалавриата*, должны иметь законченное среднее образование, эквивалентное российскому среднему (полному) общему или среднему профессиональному образованию. Для обучения в *магистратуре* принимаются лица, имеющие образование на уровне бакалавра по избранной специальности. В *аспирантуру* высших учебных заведений могут быть приняты иностранные граждане, имеющие высшее образование на уровне специалиста или магистра наук/искусств.

Вопросы: /////////////////////////

1. Какие уровни образования существуют в России?
2. Какие типы образовательных учреждений существуют в России?
3. Какие формы образования действуют в России?
4. Каковы правила приёма иностранных граждан в российские вузы?

/////////////////////////////////

Практическое задание 61. Подготовьте сообщение или напишите реферат об образовательной системе в России, сравните её с образованием в Вашей стране.

Практическое задание 62. Подготовьте сообщение или напишите реферат об обучении иностранных граждан в России, сравните его с условиями обучения иностранцев в Вашей стране.

ПРИЛОЖЕНИЕ

1. Знаменитые русские учёные

Боткин Сергей Петрович (1832–1889). Создал учение об организме как о едином целом, который подчиняется воле. Впервые описал вирусный гепатит А — болезнь Боткина.

Вавилов Николай Иванович (1887–1943). Основатель науки о селекции растений, учения о мировых центрах происхождения культурных растений, учения об иммунитете растений.

Касперский Евгений Валентинович (1965 год). Известный в мире программист, создатель антивирусного программного обеспечения «Касперский», которое обеспечивает информационную безопасность электронных аппаратов.

Королёв Сергей Павлович (1906–1966). Основатель космонавтики Советского Союза. Под его руководством создавали ракетно-космическую технику, запустили первый в мире искусственный спутник Земли (1957 год) и осуществили полёт первого в мире космонавта Юрия Гагарина (1961 год).

Лобачевский Николай Иванович (1792–1856). Создал геометрию Лобачевского (1829 год), которую признали полноценной альтернативой геометрии Евклида.

Ломоносов Михаил Васильевич (1711–1765). Открыл закон сохранения материи и движения (1760 год), создал молекулярно-кинетическую теорию тепла, основал науку о стекле. Основатель Московского университета (1755 год). Сегодня университет носит имя этого учёного и называется Московский государственный университет (МГУ) имени М. В. Ломоносова.

Менделеев Дмитрий Иванович (1834–1907). Открыл периодический закон химических элементов (1869 год). Во всех школах мира на уроках химии изучают периодическую таблицу химических элементов Меделеева.

Пирогов Николай Иванович (1810–1881). Учёный-анатом, создатель военно-полевой хирургии и русской школы анестезии.

2. Нобелевские лауреаты (в области литературы)

Бродский Иосиф Александрович (1940–1996). Поэт, лауреат Нобелевской премии по литературе 1987 года. Премия присуждена «за многогранное творчество, отмеченное остротой мысли и глубокой поэтичностью».

Бунин Иван Алексеевич (1870–1953). Российский писатель, поэт, лауреат Нобелевской премии по литературе 1933 года. Удостоен премии «за строгое мастерство, с которым он развивает традиции русской классической прозы».

Пастернак Борис Леонидович (1890–1960). Российский поэт, лауреат Нобелевской премии по литературе 1958 года. Удостоен премии «за выдающиеся заслуги в современной лирической поэзии и в области великой русской прозы».

Солженицын Александр Исаевич (1918–2008). Российский писатель, лауреат Нобелевской премии по литературе 1970 года. Удостоен премии «за нравственную силу, почерпнутую в традиции великой русской литературы».

Шолохов Михаил Александрович (1905–1984). Советский писатель, лауреат Нобелевской премии по литературе 1965 года. Премия вручена «за художественную силу и цельность эпоса о донском казачестве в переломное для России время».

3. Нобелевские лауреаты (учёные)

Алфёров Жорес Иванович (1930–2019). Известный физик, проводивший исследования в области полупроводников, полупроводниковой и квантовой электроники. Нобелевский лауреат 2000 года.

Басов Николай Геннадьевич (1922–2001). Один из создателей первого квантового генератора, серии лазеров. Нобелевский лауреат 1964 года.

Гейм Андрей Константинович (1958 год) и **Новосёлов Константин Сергеевич** (1974 год). Учёные удостоены Нобелевской премии 2010 года за передовые исследования графена — материала, который используют в электронике.

Канторович Леонид Витальевич (1912–1986). Один из создателей линейного программирования. В 1975 году получил Нобелевскую премию по экономике.

Капица Пётр Сергеевич (1894–1984). Нобелевский лауреат за открытие сверхтекучести жидкого гелия (1978 год). Разработчик промышленной установки для сжижения газов.

Ландау Лев Давидович (1908–1968). Автор «Классического курса теоретической физики» — учебника, который многократно переиздавался на 20 языках мира. Получил Нобелевскую премию за исследования сверхтекучести гелия в 1962 году.

Мечников Илья Ильич (1845–1916). Удостоен Нобелевской премии в 1908 году за исследования механизмов иммунитета.

Павлов Иван Петрович (1849–1936). Первый российский Нобелевский лауреат. Удостоен награды в 1904 году за исследования физиологии пищеварения.

Прохоров Александр Михайлович (1916–2002). Изобретатель лазерных технологий. Лауреат Нобелевской премии 1964 года.

Сахаров Андрей Дмитриевич (1921–1989). Создатель водородной бомбы (1953 год). Удостоен Нобелевской премии мира в 1975 году.

Черенков Павел Алексеевич (1904–1990). Совершил фундаментальные открытия в физической оптике, ядерной физике, физике частиц высоких энергий. Нобелевский лауреат 1958 года.

4. Знаменитые русские писатели-сказочники

Аксаков Сергей Тимофеевич (1791–1859). Самое известное произведение: сказка «Аленький цветочек».

Бажов Павел Петрович (1879–1950). Самое известное произведение: сборник уральских сказок «Малахитовая шкатулка».

Гаршин Всеволод Михайлович (1855–1888). Самые известные сказки: «Лягушка-путешественница», «О жабе и розе».

Даль Владимир Иванович (1801–1872). Самые известные сказки: «Лиса и медведь», «Война грибов с ягодами», «Старик годовик».

Ершов Пётр Павлович (1815–1869). Самая известная сказка: «Конёк-горбунок».

Жуковский Василий Андреевич (1783–1852). Написал сказки: «Сказка о Иване-царевиче и Сером Волке», «Мальчик с пальчик», «Спящая царевна», «Война мышей и лягушек» и др.

Мамин-Сибиряк Дмитрий Наркисович (1852–1912). Самые известные произведения: сказка «Серая Шейка», «Сказка про славного царя Гороха и его прекрасных дочерей царевну Кутафью и царевну Горошинку», сборник «Алёнушкины сказки».

Маршак Самуил Яковлевич (1887–1964). Самое известное произведение для детей: сказка «Двенадцать месяцев».

Пушкин Александр Сергеевич (1799–1837). Самые известные произведения для детей: «Сказка о царе Салтане», «Сказка о рыбаке и рыбке», «Сказка о мёртвой царевне и о семи богатырях».

Толстой Лев Николаевич (1828–1910). Самые известные сказки: «Три медведя», «Лисица и журавль», «Отец и сыновья», «Как мужик гусей делил».

Толстой Алексей Николаевич (1883–1945). Самое известное произведение: сказка «Золотой ключик, или Приключения Буратино».

Ушинский Константин Дмитриевич (1824–1870). Самые известные сказки: «Мышки», «Лиса Патрикеевна», «Лиса и гуси», «Ворона и рак», «Козлятки и волк».

Шварц Евгений Львович (1896–1958). Самые известные сказки: «Сказка о потерянном времени», «Золушка», «Обыкновенное чудо».

5. Речевой этикет

На «ты» и «Вы»[1]

на «ты»	на «Вы»
Привет!	Здравствуйте!
Здоро́во!	Добрый день!*
Здравствуй!	Добрый вечер!*
	Доброе утро!*

Сопутствующие фразы

Как дела?	Как Ваши дела?
Как жизнь?	Как поживаете?
Рад(а) тебя видеть!	Рад(а) Вас видеть!
Рад(а) встрече!	Очень рад(а) нашей встрече!
Как ты?	Как Вы себя чувствуете?

на «ты»	на «Вы»
Пока!	До свидания!
Бывай!	До встречи!*
До выходных!*	Всего доброго!
Всего!	Всего хорошего!
Будь!	Всего наилучшего!
Увидимся!*	Будьте здоровы!
Прощай!	Прощайте!

на «ты»	на «Вы»
Иван!	Иван Иванович!
Маша!	Мария Ивановна!
Друг!	Извините, пожалуйста,
Приятель!	не скажете ...
Мужик!	Простите, Вы не знаете, ...
Ребята!	Будьте добры, Вы не подскажете, ...
Мальчик, ты не знаешь, ...?	Извините, можно Вас попросить ...
Девочка, ты не знаешь, ...?	Позвольте (Разрешите) сказать ...
	Будьте любезны, ...

---

[1] *Отмечены нейтральные по стилистической окраске фразы.

Чего тебе?	Я Вас слушаю.
Да!*	Чем могу вам помочь?
	Да, пожалуйста!*

////////////// **Просьба** /////////////

на «ты»

Можно войти?*
У меня к тебе просьба, ...
Скажи, ...
Слушай, скажи (дай, передай,
повтори) ...
Дай пройти!
Помоги!

на «Вы»

Разрешите войти?
У меня к Вам просьба, ...
Скажите, пожалуйста, ...
Будьте добры, покажите (дайте,
передайте, повторите), пожалуйста, ...
Разрешите пройти!
Помогите, пожалуйста!

Ответные фразы

Сделаю!	С удовольствием!
Да, конечно!*	Да, пожалуйста!*
Не беспокойся!	Не беспокойтесь!
Извини, мне некогда!	К сожалению, я не смогу Вам помочь!

///////////// **Предложение** /////////////

на «ты»

Ты не хочешь пойти в театр?
Ты не пойдёшь с нами?
Ты придёшь к нам сегодня?
Ты сможешь прийти к нам сегодня?
Ты можешь зайти к нему?
Приходи к нам в гости!
Давай пойдём ...

на «Вы»

Вы не хотите пойти в театр?
Вы не пойдёте с нами?
Вы не придёте к нам сегодня?
Вы не могли бы прийти
к нам сегодня?
Вы не могли бы зайти к нему?
Приходите к нам в гости!
Давайте пойдём ...

Ответные фразы

Давай!	Охотно!
Жаль, но не могу!	К сожалению, я не смогу!
Извини, не получится!	Спасибо за приглашение, но нет
Рад(а) бы, но я занят(а).*	свободного времени!
Нет, не хочу!	Извините, но я очень занят(а)!

Нейтральное выражение отказа

на «ты»	на «Вы»
Не знаю, смогу ли.	Извините, но я не уверен(а), что смогу.
Не уверен(а), что смогу.	К сожалению, я не уверен(а), что
Может быть, сделаю (пойду,	сделаю это, но постараюсь.
позвоню), но ничего не обещаю.	Я постараюсь, но, к сожалению,
Постараюсь, но ничего не обещаю.	ничего не могу Вам твёрдо обещать.
Извините, но я не знаю, смогу ли.	

Мнение

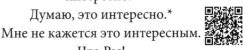

на «ты»	на «Вы»
Класс!	Мне кажется, это должно быть
Здо́рово!	интересно.*
Вот это да!	Думаю, это интересно.*
Ерунда полная!	Мне не кажется это интересным.
Ну что ты!	Что Вы!
Туда надо сходить!*	Думаю, туда стоит сходить.
Только время зря тратить!	Мне кажется, мы зря потеряем время.
Это действительно интересно!	

Извинения

на «ты»	на «Вы»
Извини!	Извините, пожалуйста.
Прости!	Простите, пожалуйста.
Виноват(а), извини.	Прошу прощения.
Извини, не хотел(а) тебя обидеть!	Извините за беспокойство.
Прости, пожалуйста, я нечаянно.	Извините за опоздание.
Не сердись!	Извините, что не позвонил (опоздал,
Тысяча извинений!*	перебиваю Вас, задержал Вас).

Ответные фразы

Ничего!*	Не сто́ит беспокоиться!
Пожалуйста.*	Не беспокойтесь!
Не сто́ит!	Ничего страшного!*
Пустяки!*	Какие пустяки!
Да что ты!	Да что Вы!

 **Сожаление**

на «ты»

Жаль!*
Сочувствую.
Жалко, что так вышло!
Держись!

на «Вы»

Очень жаль.*
Мне очень жаль.*
Мне очень жаль, что так вышло.
Сочувствую Вашему горю.

Поздравления

на «ты»

Поздравляю!
Счастливых праздников!*
Хочу поздравить тебя
с праздником и пожелать тебе
здоровья и удачи!

на «Вы»

Поздравляю Вас!
Разрешите поздравить Вас!
Я бы хотел(а) поздравить Вас
с праздником и пожелать
Вам всех благ!

Благодарность

на «ты»

Спасибо!*
Большое спасибо!*
Я тебе так благодарен
(благодарна)!
Спасибо тебе за всё!
Большое спасибо за (что?) ...*
Ты мне здóрово помог (помогла)!
Ты меня так выручил(а)! Спасибо!

на «Вы»

Большое Вам спасибо!
Благодарю Вас!
Я Вам очень благодарен
(благодарна)!
Спасибо Вам за всё!
От всего сердца благодарю Вас!
От всей души благодарю Вас!
Разрешите поблагодарить Вас за всё!

Реакция на слова благодарности

на «ты»

Пожалуйста.*
Не стоит.
Не за что!*
Ну что ты!

на «Вы»

Рад(а) была Вам помочь.
Не стоит благодарности.
Какие пустяки!
Что Вы, пустяки!

Список использованной литературы

1. *Арапов Д.Ю., Лаушкин А.В.* История религий в России. М., 2006.

2. *Бердичевский Л.А.* Почему дети российских соотечественников за рубежом не хотят учить русский язык? // Выступление на Всемирном конгрессе соотечественников, проживающих за рубежом, 2 декабря 2009 года, г. Москва.

3. *Иерей Денисов М.* Семейные ценности в России // Русская неделя. URL: http://www.russned.ru/kultura/semeinye-cennosti-v-rossii.

4. *Кононенко Б.И.* Большой толковый словарь по культурологии. М., 2000, 2003.

5. *Кузнецов С.А.* Большой толковый словарь русского языка. СПб, 2000.

6. *Кузьмин Э.Л.* Протокол и этикет дипломатического и делового общения. М., 1996.

7. *Ниренберг Дж., Калеро Г.* Как читать человека словно книгу. М., 1990.

8. *Ожегов С.И., Шведова Н.Ю.* Толковый словарь русского языка. М., 1998.

9. *Российское* образование для иностранных граждан. URL: http://www.russia.edu.ru.

10. *Семейные* ценности // Российская газета. Спецвыпуск. 2008. №4786.

11. *Смирнов Г.Н.* Этика бизнеса, деловых и общественных отношений. М., 2001.

12. Федеральный закон от 29 декабря 2006 г. №255-ФЗ *«Об обязательном социальном страховании на случай временной нетрудоспособности и в связи с материнством»*. URL: http://base.garant.ru/12151284.

13. *Хамраева Е.А.* Современные тенденции в лингводидактике и программные требования к курсу русского языка за рубежом // Русский язык в США. Гейтерсбург, 2016.

14. *Щукин А.Н.* Обучение речевому общению. М., 2015.

15. *Этика:* энциклопедический словарь / под ред. Р. Г. Апресяна, А. А. Гусейнова. М., 2001.

Послесловие

Россия — восточноевропейская страна. Русской культуре, несмотря на существенные отличия, близки и понятны европейские и восточные традиции и обычаи. Состояние и перспективы развития добрососедских отношений между странами во многом зависят от уровня подготовки специалистов, выступающих посредниками во взаимодействии между народами разных цивилизационных ценностей и культур. К посредникам относятся переводчики, журналисты и, конечно же, преподаватели иностранных языков, в том числе русского языка как иностранного (РКИ). Научная и методическая квалификация преподавателей, их творческий потенциал, педагогические способности, личностные качества и опыт общения должны на практике способствовать решению прогнозируемых проблем, возникающих в процессе межкультурной коммуникации.

Надеемся, что данное учебное пособие поможет будущим преподавателям-русистам стать эффективными посредниками в диалоге культур, а также будет способствовать на практике успешной культурно-языковой адаптации представителей различных стран в России.

Ключи к заданиям

Практическое задание 1.

коллега	ректор	студент	незнакомец
Здравствуйте! Добрый день! Доброе утро! Добрый вечер!	Здравствуйте!	Здравствуйте! Добрый день! Доброе утро! Добрый вечер!	Здравствуйте!

Практическое задание 2.

друг	начальник	родственник	прохожий
Привет! Здравствуй! Здоро́во!	Здравствуйте! Добрый день! Доброе утро!	Привет! Здравствуй! Здоро́во!	Здравствуйте!

Практическое задание 3.

зашёл молодой человек	зашёл пожилой мужчина	зашла молодая женщина	зашла пожилая женщина
а) нет б) нет в) нет г) нет	а) да б) нет в) да г) нет	а) да б) да в) нет г) нет	а) да б) да в) да г) нет

Практическое задание 4.

коллега — молодой человек	коллега — пожилой мужчина	коллега — молодая женщина	коллега — пожилая женщина
а) нет б) да в) нет/да г) да	а) нет б) нет в) нет г) да	а) нет б) да/нет в) нет г) да/нет	а) нет б) нет в) нет г) нет

Практическое задание 5.

преподаватель	ректор	продавец	студент
Как поживаете?	нет	нет	Как дела?

Практическое задание 6.

друг	сокурсник	хороший знакомый	начальник
Как дела? Как жизнь?	Как дела? Как жизнь?	Как дела?	нет

Практическое задание 7.

студент	коллега	начальник	работник кафе
нет	Сколько лет, сколько зим! (давно не виделись)	нет	нет

Практическое задание 8.

студентка	преподаватель	незнакомец	вахтёр
а) Привет! Здоро́во! б) я	а) Здравствуйте! Добрый день! Доброе утро! б) я	а) нет б) нет	а) Здравствуйте! Доброе утро! Добрый день! б) я

Практическое задание 9.

коллега	ректор	ваш студент	не ваш студент
улыбка, кивок	нет	улыбка, кивок	нет

Практическое задание 10.

вы — мужчина		вы — женщина	
мужчина	женщина	мужчина	женщина
да	да	да/нет (если вы мусульманка)	да

б) Извините, я не могу пожать вам руку, так как в нашей культуре это не принято/запрещено.

Практическое задание 11.

а) обычно обнимаются и целуются только подруги — женщины/девушки; мужчины (друзья, родственники) обнимаются после долгой разлуки
б) нет

Практическое задание 13.

1. а, 2. а, 3. в, 4. в, 5. в, 6. а, 7. в, 8. в

Практическое задание 14.

молодой человек/ девушка	преподаватель	ректор	деловой человек
Иван................... Вера...................	Павел Иванович Пелагея Ивановна	Андрей Петрович Нина Петровна	господин Иванов госпожа Иванова

Практическое задание 15.

коллега	начальник	студент	незнакомец
Господин Петров! *верно — Иван Иванович!*	Петя! *верно — Пётр Андреевич*	Иванов! *верно*	Товарищ! *верно*

Практическое задание 16.

коллега	начальник	юноша/девушка	деловой партнёр
а) Иван Иванович/ Вера Ивановна б) Иван/Вера	а) Олег Олегович б) Олег/ Олег Олегович	а) молодой человек/девушка б) нет	а) господин Иванов/Иван Иванович б) нет

Практическое задание 19.

преподаватель	←	студент
молодой мужчина	→	пожилой мужчина
пожилая женщина	←	молодая женщина
подчинённый	→	начальник
мужчина	→	женщина
один человек	→	группа людей
учитель	←	ученик

Практическое задание 20.

1. официальные, 2. неофициальные, 3. неофициальные, 4. группе людей — неофициальные; одному человеку — официальные, 5. официальные 6. неофициальные, 7. официальные, 8. официальные

Практическое задание 21.

1. я сейчас не могу говорить; пожалуйста; будьте добры / *официальные*

2. молодой человек; будьте добры; пожалуйста / *официальные*

3. ты не знаешь; скажи, пожалуйста / *неофициальные*

4. извините / *официальные*

5. будьте добры; извините / *официальные*

6. дорогой; пожалуйста / *неофициальные*

7. пожалуйста; будь добр / *официальные*

8. познакомьтесь / *официальные*

9, 10, 11. скажите, пожалуйста; извините; будьте добры / *официальные*

Практическое задание 22.

студент	коллега	начальник	незнакомец
До свидания! Всего хорошего!	До свидания! Всего доброго!/ Всего хорошего!	До свидания!	нет

Практическое задание 23.

друзья	коллеги	начальник — подчинённый	малознакомые люди
Пока! Всего! Звони!	До свидания! Приятного дня/ вечера!	До свидания!	До свидания!

Практическое задание 24.

1. К сожалению, нет. Доклад ещё не готов.

2. Мне очень жаль, но сегодня мы не пойдём на экскурсию. Экскурсия состоится завтра.

Практическое задание 30.

директора фирмы нет	директор фирмы на месте	директор фирмы уехал, но будет через час
Передайте директору фирмы, что звонил его деловой партнёр Генрих Айзенштайн из Австрии.	Будьте добры, пригласите к телефону директора фирмы.	Передайте директору фирмы, что я перезвоню ему через час.

Практическое задание 43.

студент	коллега	незнакомец	начальник
Не волнуйтесь! У Вас всё хорошо!	Как я Вас понимаю! Вы должны надеяться на лучшее!	нет	Вы настоящий профессионал!

Практическое задание 44.

друг	родственник	коллега	начальник
Держись! Ты на правильном пути!	Да, ты прав! Ты всё правильно сделал!	Вы правильно поступили! Вы такой добрый и отзывчивый человек!	Вы благородный человек! Вы всегда можете на меня рассчитывать!

Практическое задание 47.

студент	коллега	начальник	друг
Не вешайте носа! Соберитесь!	Время лечит! Вы не должны терять себя!	Вы прекрасный человек! Вы всё правильно сделали!	Забудь! Выбрось всё из головы!

Практическое задание 48.

преподаватель	студент	коллега-начальник	рабочий
Вы преподаватель от бога!	Ты — молодец!	С вами приятно иметь дело!	Вы хороший специалист!

Практическое задание 49.

дружеские	родственные	формальные
Ты такая умница! Я твой должник!	Молодец! Проси что хочешь!	Ваш труд будет по достоинству оценён!

Практическое задание 49.

дружественные	родственные	враждебные
Ты меня обманул! Забудь обо мне!	Ты меня очень подвёл! Я тебе больше не доверяю!	Для того чтобы избежать возможных неприятностей, я бы хотел (хотела) сказать Вам, что Вы ведёте себя, мягко говоря, не очень умно.

QR-коды для скачивания архивов с аудио:

Т. Г. Никитина,
Е. И. Рогалёва

ПУТЕШЕСТВУЕМ ПО РОССИИ С РУССКИМИ ПОСЛОВИЦАМИ И ПОГОВОРКАМИ

В пособии представлены учебные сюжетные и научно-популярные лингвострановедческие тексты. Они содержат информацию о происхождении русских пословиц и поговорок, особенностях их употребления в современной речи, а также интересные факты о городах и регионах России, популярных туристических объектах.

Книга предназначается для иностранных студентов и школьников, владеющих русским языком на уровне B1 и продолжающих его изучение, но также будет полезна и другим читателям, интересующимся русским языком и культурой.

ПО ВОПРОСАМ ПРИОБРЕТЕНИЯ КНИГ ОБРАЩАТЬСЯ ПО АДРЕСУ:

107078, г. Москва, ул. Новая Басманная, д. 19, стр. 2
Тел./факс: +7 (499) 261-12-26; тел.: +7 (499) 261-54-37

E-mail: rusyaz_kursy@mail.ru; ruskursy@mail.ru;
ruskursy@gmail.com; rkursy@gmail.com;
Сайт издательства: www.rus-lang.ru

Учебное издание

Ткач Татьяна Григорьевна

Забровский Андрей Петрович

ЗНАКОМИМСЯ С РУССКИМИ

**Учебное пособие по межкультурной коммуникации
и культуре речи**

Редакторы *А.А. Вертягина, Н.Д. Анашина*
Корректор *О.Ч. Кохановская*
Художник *Е.Н. Федорченко*
Вёрстка *М.А. Гольдман*

Формат 70×100/16. Объём 7,5 п.л. Тираж 1000 экз.
Подписано в печать 22.10.2019. Заказ № З-092

Издательство ООО «Русский язык». Курсы
107078, г. Москва, Новая Басманная ул., д. 19, стр. 2
Тел./факс: +7(499) 261-12-26, тел.: +7(499) 261-54-37
E-mail: rusyaz_kursy@mail.ru; ruskursy@mail.ru;
ruskursy@gmail.com; rkursy@gmail.com;
Сайт издательства: www.rus-lang.ru

В оформлении были использованы изображения с сайтов Pixabay, Firestok.

Следите за новинками издательства в социальных сетях:
https://vk.com/public131540114   https://facebook.com/ruskursy/?ref=bookmarks

Отпечатано с готового оригинал-макета издательства
в типографии ООО «Мастер Студия»
432049, г. Ульяновск, ул. Урицкого, д. 94